KB234165

이어져 결국엔, 가격떨이증상으로 연결되고 만다. 이 때 땅은 요동, 미동 과정을 거칠게 거치게 된다. 인근 용도변환(예. 제3종 일반주거지역)에 대한 후광효과를 크게 보기 때문이다.

땅과 아파트의 차이점은 크다. 집값 오를 것이라는 판단은 무의미하다. 무모한 것. 부동산 경기와 실물경기, 그리고 부동산 관련 정책(예. 전매 및 대출완화)에 민감한 부동산이 '부동산의 꽃' 인 아파트 아닌가.

그러나 땅은 그런 외부 영향력에 강한 내성과 내구력을 갖춘 재화다.

필자 생각엔, 집값폭락하면 땅값이 오를 것으로 보인다. 아파트 미분양의 근본 원인은 공급과잉의 광풍보단 가격거품에 있지 않은가. 대다수 무주택서민 입장에선 화려한 아파트 군락들은 한낱 그림의 떡에 불과한 것이리라. 제아무리 좋다한들 무슨 소용이랴. 매입자 입장에선 자금부족증상에 허덕이는 마당에 입안에서는 군침만 맴돌 뿐이리라. 무리한 대출경로를 통하지 않고선 아파트 구입은 거의 불가능하다. 무리한 대출이라는 무모한 행동과 집 투자라는 오산이 낳은 산물이 집거지의 다량 속출 아닌가.

여주선(판교~여주간) 영향으로 서울인구는 급감세 증상을 면치 못할 것이다. 서울 집값과 전셋값 불안증세가 심해 여주선 광주, 여주, 이천 향해 수많은 집없는 서민들이 마치 아프리카 누떼처럼 대이동을 강행할 것이다. 서울 대비 거품 빠진 집값에 자극 받아 움직이는 것이다. 집값이 저렴하다는 소식에 실수요 목적으로 움직일 무주택자 입장에선 어쩔 수 없이 급히 이사할 수밖에 없는 것이다. 준노숙인 입장에 처한 자들에겐 집값 저렴한 지역은 큰 희망이다. 투자 목적으로 움직이는 자에겐 아파트 오름세가 자극제가 될 수 있지만 말이다.

무주택서민들의 대이동으로 광주와 여주와 이천 땅값은 급등세를 이어갈 것이다. 한 지역의 땅값은 인근 집값 영향력보단 인구 영향력을 많이 받기 때문이다. 집값폭락으로 해당지역으로 서민들이 대이동하면 그곳의 땅값은 이동하기 마련 아니랴. 집값폭락세가 광범위하게 이어진다면 땅값오름세가 뒤따를 게 뻔하다. 이는 과거 관례상 극히 당연한 이치 아닌가?

'집 투자예정자(예비하우스푸어)' 들이 잊지 말아야 할 점은, 선거 바람에 주의하지 않으면 안 된다는 점이다. 선거 바람이 예전만 못해서다. 과거, 표심을 잡기 위해 후보자들 입김에 여러 개발공약과 정책이 쏟아지면서 부동산 가격상승을 이끌었으나, 2000년 이후 분위기가 달라져 집값에 대한 영향력은 많이 약화되었다. 그러나 땅값은 다르다. 개발공약에 예민한 부동산이 땅이기 때문이다. 정치후보자들, 위정자들 공약엔 공통점이 있다. 집값 잡겠다는 후보자는 다양하지만 땅값 잡겠다는 무모한 공약을 던지는 어리석은 자는 없다는 점이다. 집과 땅의 속성이 그만큼 판이하다는 증거다.

주택은 실수요 공간이지만 토지는 투자 공간이다. 집거지 발생을 막을 수 있는 길은, 집을 투자 공간으로 여기지 말아야 하는 것이다. 집은 의식주 중에 주에 해당한다. 결코 주(住)가 땅은 아니다.

바야흐로, 집거지가 늘어나는 시대이다. 다만, 땅주인 수는 급증세를 유지할 것으로 예상된다. 땅 투자자가 급증한다는 얘기다. 장수시대에 맞게 투자의 연령대가 파괴된 지경. 남녀노소 소액으로 투자하겠다는 맘이 강하다. 다만, 땅투자 시, 무엇이 급소인지 잘 인지하지 않으면 안 된다. 집 매수 행위보다 땅 투자 행위가 훨씬 난해하기 때문이다.

요는, 땅 투자의 핵심은 인구와 위치다. 투자자가 절대로 한시도 잊어선 안 될 주요사안이다.

이번 책에선 이런 점을 염두에 두고 '인구'와 '부동산 위치'의 중요성을 거듭 강조하였다. 더불어 가치와 가격을 구분하여 하수 인생을 접고 고수로 살 수 있는 왕도를 살펴보고자 한다.

장수시대에 집과 땅 중 어느 것을 선택할 것인지는 전적으로 여러 독자 분들의 몫이지만 집 시대는 분명코 끝난 것 같다. 필자 입장에선 100% 실수요 종목으로 여기기 때문이다. 여러분 입장도 필자와 크게 다르지 않다고 여겨진다.

부디 이번 책이 여러분에게 많은 도움이 되어 바른 투자의 길라잡이 역할이 되었으면 하는 바람이 간절하다.

김 현 기

차 례

I. 초보자가 반드시 인지할 점

2. 땅투자의 핵심사안

3. 고수와 하수의 차이

부록(총정리)

1. 초보자가 반드시 인지할 점

'장수시대에 딱 맞는 투자종목'

취업이 쉽지 않은 요즘의 젊은이들에게 재테크는 엄두도 못낸다. 미래 걱정은 사치일 거다. 현재가 너무 힘들어서다. 그러나 포기하면 안 된다. 지금은 장수시대이기 때문이다. 기회가 많다는 뜻이다. 무궁무진하다.

아파트 시대 종말론이 대두되면서부터 목돈 만들 수 있는 수단이 아파트에서 다른 종목으로 방향이 바뀌는 판국이다. 아파트 대신 수익형부동산으로 눈길을 돌리는 인구가 급증세다. 발길을 그쪽으로 돌린다. 그러나 문제가 하나 있다.

원룸 등 도시형생활주택(작은 부동산)이 폭발적으로 증가하면서 공급과잉의 폭풍을 직격탄으로 맞고 있는 것이다. 아파트도 공급과잉의 광풍을 맞은 상황이다. 땅은 난개발이 문제로 비화되고 있다. 난개발은 곧 공급과잉으로 직접 연결되는 판국이다.

역세권 아파트나 역세권 도시형생활주택은 그나마 사정이 나은 편이다. 대신 거품의 의심이 드는 순간, 미분양과 공실이 우려된다. 그러나 강남3구의 대표적 수익형부동산은 다른 평가를 받고 있다. 이쪽의 소형, 혹은 중소형 상가용빌딩은 시세차익까지 노릴 수 있기 때문이다. 대한민국에서 공실률이 가장 낮은 지역이라고 해도 과언은 아닐 터. 그만큼 인구의 질적가치가 높다는 것이다.

아파트로 목돈 만들 수 있는 시대가 지나자, 이젠 역세권이 제대로 형성될 수 있는 땅에 관심도가 높다. 역세권이라고 해서 무조건 가치가 높은 건 아니나, 제대로 형성될 수 있는 모토를 모색하는 게 투자자의 사명이자 명제일 것이다. 젊은 인구가 감소세이지만 노인인구만은 급증세다. 이런 형편에 맞춰, 부동산 흐름도가 개편되는 모양새다.

아무래도 젊은 사람들이 땅에 관심도가 높다. 잠재성이라는 성질이 그것을 증명한다. 노인보단 젊은이에게 잠재성이 높고, 완성물(지상물)인 아파트보단 미완성물인 땅에 잠재성이 훨씬 많이 내재, 내포되어 있지 않은가.

아파트로 내집마련 하려는 자는 감소세다. 하우스푸어로 잔존할 수 있는 확률이 높아서다. 오름세가 땅에 비해 낮아 아파트는 위험한 지상물, 즉 위험물로 인식하는 판국. 노인인구는 강남3구의 소형 상가용빌딩에 관심 가질만 하다. 역세권과 무관하게 이쪽의 작은 상가용빌딩은 땅만큼의 잠재력이 큰 게 사실, 현실이다.

다른 것은 차치하고 라도 부동산 범주만큼은 돈(강남지역)이 돈(그 인근의 강남지역)을 버는 게 세상이치가 된 지경. 젊은이들에게는 (기회의 땅이라는) 여유공간이 풍족한 것처럼, 노인인구에게는 강남3구의 소형 상가용빌딩이라는 여유공간에 대한 기대감을 가질 만하다.

젊은이들은 기회의 땅을 잡을 필요 있다. 부정적인 접근은 소모전이다. 목돈 만들 수 있는 수단이 역세권 아파트에서 역사 예정지 땅으로 전격 바뀐 지경.

땅으로 목돈 만들어 강남3구 소형 상가용빌딩을 장만하는 게 어떨까. 강남3구 소형빌딩의 잠재력은 쉽게 꺼질 수 없을 테니까. 이쪽은 젊은 인구가 많다. 힘 있는 자가 많은 곳이다.

아파트는 토종부동산이 아니다. 그러나 땅은 토종부동산 중 하나다. 땅은 자연 아닌가. 오랫동안 유지되었던 한국형 부동산은 누가 뭐래도 아파트였다. 그러나 장수시대의 메카가 달라질 판. 장수시대를 사는 지금의 한국형 부동산은 누가 뭐래도 토종, 땅인 것. 아파트 공화국의 이미지가 쇠락의 길로 들어선 건만은 확실하다. 악성미분양이 늘고 있고 하우스푸어가 주변에 많지 않은가. 쇠약의 길로 접어들고 있는 것이다. 돌이키기 힘든 상황이다. 신도시 아파트와 역세권 아파트에선 희망을 가질 수 있지만 말이다. 그러나 이것 역시 거추장스런 거품이 문제다. 허수가 만연하고 개미가 급증세 아니랴. 전매 통해 단기간 내 수익창출 한 자 드물다. 아파트 통해 돈 벌었다고 큰 소리 치는 자보다 땅으로 수익창출한 경우가 더 많은 시대. 왜? 아파트는 오래 두면 재건축이라는 지상명제와 난제에 부딪치지만(개발 즈음, 원주민보다 외지인이 더 많은 지경. 추가부담금이 부담되어 이해관계자가 전면 바뀐다) 땅은 오랫동안 내버려 두어도 인근 변화 속도에 따라, 성향에 따라 내 땅도 변하지 않으랴. 부담감이 적다. 환금성에 관한 부담감만 덜면 그만이리라.

경기도 화성시에 사는 김모씨(69)는 수년 전, 기획부동산으로부터 제주 땅을 거품가격에 매입해 하루하루가 절망의 세월이었다. 그러나 지금 제주 땅값이 폭등세라는 소식에 하루하루 희망 속에 살고 있다. 날로 증가하는 중국인 관광객과 고정인구에 대한 기대감이 커서다. 외국인 지주가 증가하고 있다는 소식도 반가운 소식 중 하나. 세계적인 명소로 자리잡아가고 있다는 것 아니랴. 과시 국제자유도시답다.

비록 시작은 잘못되었지만 많은 인고의 세월과 시간이 난제를 해결한 케이스.

결국, 장수시대에 맞는 투자종목은 아파트가 아닌 땅이라는 얘기다. 물론, 세월이 약인 경우와 세월이 독인 경우도 있어 아쉽지만 말이다.

'믿음과 부동산'

컨설팅회사는 100% 믿지만, 땅은 100% 믿지 못한다. 이런 경우가 태반이다. 왜 그럴까. 컨설팅회사의 존재가치란, 현재가치를 의미하는 것이니까. 현재진행 중이기 때문에 어느 수준 투명성이 확보된 상태인 것이다. 가시적 효과가 크다.

하나, 컨설팅회사나 사람 대비 땅은 미래 상황 아닌가. 땅의 잠재력에 의존하니 당연히 100% 믿기는 힘든 것이다. 변수 또한 많지 않으랴. 땅에 대한 신용도, 신뢰도가 100%일 수 없다. 99%는 존재할 수 있다. 1%의 변수가 문제로 비화 될 수도 있지만 말이다.

사람은 100% 믿을 수 있다. 죽어 있는 상태가 아닌, 생명이 존속하는 과정 중에 놓인 상태라서다. 직접적인 소통이 가능하다. 그러나 땅은 100% 믿기 힘든 상황이다. 생명력 대신 잠재력이 발동할 수 있는 상황 아니랴.

땅 투자는 사람 말(내용)을 믿고 한다. 땅을 믿고 하는 경우는 극소수다. 땅의 변수, 즉 좋은 변수(성공을 향한 지름길)를 믿고 움직이는 경우이겠다. 나쁜 변수(실패로 가는 길) 보고 땅 투자하는 사람은 없는 것이다.

아파트 매수 행위 - 상수(변할 수 없는, 고정적 요소)의 상태를 매수하는 행위. 편리성과 편익성을 따진다.

땅 매수 행위 - 변수에 매수하여 기대감이 증폭

사람은 변질의 대상. 땅은 변수의 대상이다. 땅의 변질이 곧 사람의 변질인 것이다. 사람은 입이 있지만, 땅은 입이 없는 상태이기 때문이다. 사람은 말을 할 수 있으나, 말 할 수 있는 상태의 땅은 존재할 수 없는 이유다. 현재는 말을 할 수 있는 상태지만 미래는 말을 못해 소통의 길이 꽉 막힌 지경. 사람은 현재의 가치를 대변하나, 땅은 미래가치의 표상 아니랴.

'예비지주가 할 일은?'

예비지주가 할 일은 발견과 목격과 모색 과정을 힘 닿는 선까지 주기적으로, 반복적으로 밟아야 하는 것이다. 이는 현실적으로 실패율을 줄이기 위한 최고의 처방책이기 때문이다. 새로운 길을 발견하기 위한 최선의 노력인 것이다. 괜찮은 위치 모색이 관건이다. 접근도 높이기 위한 노력인 셈.

서류에서의 모색사안 - 규제 수위(규제 없는 땅 찾기란 하늘에서 선녀 찾기. 즉 현실적으로 불가능하다는 말이다). 규제 없는 땅에 갑자기 규제가 가해질 수 있다. 장기적인 규제가 문제다. 이를테면, 군사시설보호구역이다.

단기성 규제는 문제가 안 된다. 장기적인 규제사안보다 상대적으로 해제가 쉽기 때문이다. 규제기간이 정해졌다. 규제 없는 집에 갑자기 규제가 가해지는 경우와 다르다. 집은 완성물이기 때문이다. 미완성물인 땅 규제는 계속해서 미완성물로 잔존할 수밖에 없다. 완성된 부동산은 땅이 아니기 때문이다.

땅투자는 잠재력을 찾는 작업. 언제나 잠재력의 재료는 여러가지. 다양한 모형으로 표출된다.

예) 도로와 접근성과 입지, 지역특성…

잠재력 체크엔 순서가 있다.

1) 지역 특성 체크하기

2) 구역 특성 체크하기 → 예) 군사시설보호구역

3) 지구 특성 체크하기 → 예) 시설보호지구

4) 읍면 특성 감지하기

5) 개발청사진의 특징 감지하기

경기도 화성이라는 투자처를 예로 들어보자. 화성은 관광도시로 각광 받지만 경제도시로도 인연을 맺을 수 있는 지역이다. 신도시와 택지개발지구로도 각광 받는 처지. 입지가 비교적 좋은 편이다. 자연환경이 빼어나지만 서울과도 멀지 않다. 거리 대비 시간상 짧다는 느낌이 드는 곳이기 때문이다. 철도건설과 택지 및 신도시 조성에 대한 기대감 뿐 아니라 산업단지로, 젊은 인구급증에 관한 기대심리가 커 실수요공간으로도 각광 받고 투자처로도 잠재력이 큰 곳으로 인지할 수 있는 곳이 화성시다.

이처럼 예비지주가 할 일은, 길 찾기, 위치 찾기다. 위치의 특성 등을 감지할 필요 있다.

● 도로의 위치와 개발청사진 위치

실수요 공간에서 도로의 위치가 중요하다. 투자 공간에서는 개발청사진의 위치가 중요하다. 실수요자든 투자자든 결국, 접근성(위치)이 중요하다는 말.

실수요자에게 도로가 중요한 이유 - 지분으로 들어갈 때 추후, 분할과정 중 맹지가 비맹지로, 비맹지가 맹지로 변할 수 있기 때문이다.

투자자가 도로에 집착할 필요 없는 이유 - 지분으로 들어가도 차후, 한 곳을 뭉뚱그려 개발하기 때문이다.

오지 속에서의 개발행위가 무리수 따를 수밖에 없는 이유 - 위치가 문제로 비화되기 십상이니까. 개발기간이 길거나 불투명 속으로 빠지기 십상이다.

비오지 속의 개발행위 - 단기간 내 완료 가능. 투명성이 높다. 인구의 흡입력이 높다.

부동산은 치열한 위치 싸움. 자리다툼이 심하다. 위치와 경쟁구도를 그리는 종목이 부동산인 것이다.

'영원히 변할 수 없는 하수의 단견(단점)'

하수의 특징 중 하나는, 우문을 자주 던진다는 점이다.

세금문제와 공법, 공시법, 민법 등을 중개인에게 문의하려 애쓴다. 소용없다. 해당지역 지자체 세무과 공무원과 토지이용 담당 공무원과 깊은 대화를 나누면 그만이니까.

예) 건축 담당, 건설 담당부서를 십분활용한다. 공무원에게 반복적으로 질문한다. 도시개발과에 자주 방문하여 '개발' 에 익숙해지려 노력한다.

세무사, 변호사, 법무사 등을 활용하는 것도 좋으나, 이들에 소요되는 비용도 만만치 않다. 적잖은 비용을 절감하는 방도가 있다. 공무원(공무원의 유리한 점 - 담당분야 전문, 공공성 확보, 투명성 확보)을 만나면 100% 무료 상담 받을 수 있다. 돈 받고 상담하는 공무원은 없다. 만약 있다면 그건 범법행위일 것이다. 공무원을 활용하면 정확성은 높지만 상담비용이 안 든다. 의뢰하는 민원인 입장에선 양심적이고 책임감 투철한 공무원을 통해 민원서비스를 톡톡히 누릴 수 있는 것이다. 납세의 의무를 다해 권리를 행사하는 것이다.

부동산전문가가 세무전문가는 아니다. 공법 등을 정밀하게 알고 있는 법률전문가가 아니다. 필자 생각엔, 부동산전문가는 '부동산 마케팅 전문가'라고 본다.

하수는 시장을 넓게 볼 수 있는 안목을 상실한 사람이다. 그렇기 때문에, 맹신을 습관적으로 한다. 전문가 말을 신의 말씀으로 적극 수용한다. 부동산 관련 여러 난제와 분쟁거리는 해당 자치단체 담당공무원에게 질문하는 게 원칙. 시행착오를 최소화 할 수 있는 방법이다. 그들을 맹신하자. 그들은 그쪽 방면에선 전적으로 신적 존재일 수 있기 때문이다.

고수와 하수의 차이는 극명하다. 사람 제대로 볼 줄 아는 이가 고수가 아닌가 싶다. 공인중개사도 자신만의 주특기를 가지고 있을 것이다. 아파트에 대해 정밀하게 진단할 수 있는 자가 있는가 하면, 토지 전문 중개인도 있을 수 있기 때문이다. 변호사 역시 전문분야가 있는 법. 이런 측면에서 볼 때 공무원의 성격은 다르다. 자치단체 소관 업무에 집중할 수밖에 없다. 매일 반복되는 일상업무에 능통하다. 자치단체의 토지이용도를 확연히 꿰뚫고 있을 게 분명하다. 다만, 경험 많은 공무원에게 접근하는 게 유리, 유익하다. 초보자는 민원상담 경험이 적어 융통성이 적을 수 있지 않으랴.

공무원은 민원인과 소통하는 게 일. 주업무라 본다. 프로야구 선수가 팬이 없다면 존재성은 없다. 마찬가지로, 민원인 없는 공무원은 존재가치가 0이다. 공무원의 반쪽은 민원인이다. 민원인이 없다면 공무원은 동그라미(업무=개발 및 청사진)를 그릴 수 없기 때문이다. 제대로 전진할 수 없다. 반달(반원형)모양으로는 굴러 갈 수 없어서다.

부동산 고수와 하수의 차이

1) 고수의 공무원 활용도는 매우 높은 편

2) 하수의 공무원 활용도는 낮다. 공인중개사 활용도는 중간 수준. 그러나 비전문가(예. 지인이나 친척, 친구 등) 활용도는 매우 높은 편이다. 실패율이 높은 이유다.

고수와 하수의 또 다른 차이 - 외부상황에 둔감한 편인 고수 대비 하수는 외부 자극에 민감한 편이다.

사례) 집의 경우 - 빚 얻어 집 사라는 정부 입을 주시하는 자는 하수다. 남의 돈으로 집 사기를 주저하지 않는다. 나중에 어쩌려고…

땅의 경우 - 빚 얻어 땅 사라는 사람도 있지만 말이다.(집과 땅의 투자가치를 따져보라는 의중이 다분한 대목)

문제는, 집의 실수요 가치를 극대화 시키려는 노력을 전혀 하지 않는 정부의 안일한 행정 행태이다.

땅은 누가 뭐래도 투자 종목. 투자가치에 비중을 더 둘 수밖에 없기 때문이다. 공간 자체가 없는 상태에서 실수요 가치를 논할 여지가 없는 것이다. 특히 초보자와 문외한 입장에선 감 잡기 힘들다.

실수요자와 투자자는, 매일 정성껏 드리는 아들을 향한 엄마의 간절한 기도와 기원처럼 상대(정부와 전문가)를 향해 믿음과 정성을 보내려 애쓴다. 잘못된 선택은 믿는 도끼에 발등 찍히는 격. 선택자가 100% 책임을 져야 하는 구조다. 책임감 가지고 매수의 길에 접어들지 않으면 안 되는 이유다.

투자자 입장의 요구사안 - 지번의 중요성이 낮다. 개발지 위치와 범위가 더 주요사안이기 때문이다. 단, 광범위 하면 안 된다. 당장의 용도보단 미래성과 잠재성에 주안점을 두지 않으면 안 된다.

실수요자 입장의 요구사안 - 지번의 중요성이 매우 높다. 당장 활용가치가 중요하기 때문이다. 당장의 불편함은 무용지물의 다른 포효. 존재가치가 높다. 당장의 용도가 중요하기 때문이다.

해당 지자체 공무원의 중요한 또 다른 이유 - 조례(자주법)의 존재성(존속), 재정자립도나 재정자주도 따라 상이한 점이 발현할 수 있는 것

'부동산의 모든 걸 대변할 수 있는 것?'

부동산 투자자가 인지할 점은 입지사안이다. 땅 투자자가 눈여겨 보아야 할 사안은, 위치의 중요성과 정확성인 것이다. 위치가 모든 걸 대변할 수 있기 때문이다. 여기서 말하는 모든 것이란, 다름아닌, 가격을 위시한 면적, 지목, 용도, 모양, 개별공시지가 등이다. 위치가 가격을 만들기 때문이다. 결코, 가격이 위치를 만들 수는 없을 터이니까. 개발지와의 거리가 짧다면 가격이 비쌀 수밖에 없는 것이다. 그 상황 속에서 싼 땅을 찾는 행위는 비현실적인 행동인 것이다. 투자자 반열에 들어서기 힘들다.

개발지역의 땅값이 비싼 이유는 그만큼 사람들이 많이 몰려서다. 거래량이 증가하면 가격이 올라가기 마련. 개발지역 땅값이 기대와 달리, 오르지 않는다면, 거래량이 생각과 달리 저조한 것이다. 요는, 맹지 위치와 농지 위치, 그리고 개발의 위치가 주요 핵심사안.

그러나 악산(예. 국립공원 등)의 위치는 견지할 대상이 될 수 없다. 원천적으로 개발 대상에서 제외될 수밖에 없는 구도 아니랴. 예외사안도 있는 법. 위치가 괜찮다면 가격이 덩달아 뛰기 마련이다. 위치가 좋다는 건 접근성이 빼어나다는 의미다. 가격상승 속도가 빠를 것이다.

여하튼, 부동산의 위치는 입지다. 모든 맹점을 커버할 수 있는, 대변할 수 있는 힘을 가진 덕목이기 때문이다. 지역 및 그 브랜드 가치 역시 위치와 결부된다. 선천적으로 위치가 안 좋은 지역의 지자체는 불행의 씨앗. 운이 없다고 말할 수 밖에 없다. 자연환경이 안 좋은 것이다. 애초 잘못 탄생한 것이다. 인간으로 치면 선천적 장애를 안고 태어난 것이다. 잘못된 입지를 숙명으로 겸허히 받아들일 수밖에 없다. 무리한 개발은 더 큰 피해를 야기할 테니까.

'땅 초보자가 먼저 인지할 사안'

최우선적으로 땅 초보자가 인지할 사안은 세 가지로 점철된다.

1. 실수요자처럼 행동하는 예비 땅투자자의 미래는 불안하다. 바른 길을 걷는 모습이 아니기 때문이다. 반대 방향으로 가니 결과는 실망일 수밖에 없다. 투자의 맘이 있다면 실수요 공간에 관심 가질 필요 없다. 불필요한 행동이라서다. 투자자는 실수요자처럼 행동하면 안 된다. 소모전이기 때문이다. 마치 언 발에 오줌 싸는 것처럼 실속 없다.

2. 최우선적으로 수익성보단 안전성을 알아보는 게 원칙. 결과

'집값 떨어지면 땅값 급등할 수 있다'

(비수도권을 제외한) 수도권 지역 집값은 무주택서민 입장에선 늘 큰 부담이다. 여전히 서울인구 중 절반가량이 내 집이 없다. 전체인구는 늘지 않고 있지만 주거시설에 관한 증가율은 높은 편이다. 결국, 서민 입장에선 분양가 부담이 큰 것이다. 전셋값도 미친 상태다. 미친년 널뛰듯 뛰어올라 서민들 시각에선 분명코 눈엣가시일 것이다.

서울 외의 지역(서울특별시 땅만은 특별한 상태이니까) 집값이 떨어진다면 땅값은 오를 것이다. 왜그럴까. 집값 하락하는 소리가 대다수 무주택서민들에겐 희망의 속삭임으로 다가갈 터. 주택수요자가 집중 몰리기 마련. 집값이 오를 수도 있으나, 우선 인근 땅값은 폭등세를 유지하거나 급등세를 장기간 유지할 수 있을 것으로 보인다. 땅의 입장에선 분명코 기회다. 원님 덕에 나팔 불 수 있는 좋은 기회인 것이다.

요즘, 서민들에겐 화성시가 초미의 관심거리다. 그 인근에도 관심도가 높은 편이다. 서해선복선전철 중 화성시에 세 개 역사가 형성되기 때문일 것이다. 젊은 사람들에게 인기가 높은 화성 집값이 떨어져야 땅값이 오를 것이다. 오를 수 있다. 저렴함에 매력 크게 느낀 대다수 서민들이 몰릴 수 있기 때문이리라. 최소비용으로 시작하려는 가수요자와 실수요자가 중첩될 수 있는 것이다.

젊은 도시 화성의 인구유입속도는 몹시 빠른 편이다. 집값 상승현상이 발현할 수밖에 없다. 이 때 땅값도 오르기 마련. 왜? 땅값은 인구에 몹시 예민한 상황 아니랴(인구수 및 유형형태에 따라). 집값이 2배 오르기는 쉽지 않지만 땅값은 하루새 2배 이상 상승할 수 있다. 개별공시지가와 시세가 거의 비슷한 지경의 지상물 대비 땅값은 개별공시지가와 시세와는 많은 편차를 보일 수밖에 없기 때문이다.

여하튼, 집값 부담이 적어야 대다수 젊은 무주택서민들이 몰릴 수 있는 것이다. 지역의 희망으로 작동한다. 지역의 희망은 젊은 사람들이 집중할 때 반짝이는 것 아닌가.

　　예) 안산인구는 76만 명이 넘는다. 인구규모가 경기도 31개 시
　　　　군 중 5위 규모. 면적은 경기도의 1.4%.

　　화성인구는 59만 명이 넘는다(2015.11현재). 면적은 경기도에
서 5위다. 수원인구는 111만 명이 넘는다. 인구밀도가 최고 수준.
땅 넓이가 좁다. 안산과 수원 대비 화성 집값이 저렴하다면 인근
대도시나 서울의 젊은 인구들이 화성으로 몰릴 수도 있는 것이다.
서해 라인이 완공되는 2020년 즈음, 화성 땅값이 폭등할 수 있는
근거이리라. 지금 많은 이들이 화성에 집중 관심을 갖는 이유 중
하나가 아닐까 싶다.

　　집값 떨어지는 소리에 땅값 상승 효과를 기대한다. 곧 대규모
인구(무주택서민을 포함한 여러 부류의 사람들)의 대이동현상이
발현할 테니까.

● 아파트 미련 못 버리는 원흉

　　아파트 가격상승세에 관한 미련을 쉽게 버리지 못해 여전히 하
우스푸어가 발생하고 있는 것이다. 미분양 및 악성미분양증상이
여전히 나타나고 있지만 아파트에 관한 미련을 미력하나마 쉽게

포기할 수 없는 지경.

그 이유는 분명하다. 필자 생각엔, 거품 때문이지 않을까 싶다. 아파트 거품의 원인은 세 가지로 점철된다.

물리적 요인 - 물 프리미엄과 산 프리미엄, 사람 프리미엄과 자연 프리미엄 공존

물질적 요인 - 인위적 요소

행정적 요인 - 물리적, 물질적 외적인 요인

물리 및 물질적 요인 - 욕구에 해당

행정적 요소 - 요구사안(몹시 광범위하다)

재개발과 그 과정(땅〈지상물〉 - 지상물 대상으로 개발하는 모드. 원주민 재정착률이 매우 낮다. 거품이 발현하는 상황이 연속적으로 벌어지니까. 주거지역에 아파트가 입성한다. 개발지라고 다를까. 외지인 정착률이 높아진다. 개발지역에 역시 아파트가 입성한다.

'집값의 특징과 땅값의 특징'

집값 특징과 땅값 특징은 다르다. 땅값은 수년 째 오름세지만 집값은 지엽적으로 오르고 있는 상황이기 때문이다. 땅값 오르는 지역을 찾기란 그다지 어렵지 않다. 난개발이 공급과잉의 원흉. 난개발은 택지조성의 산물. 난개발은 거품의 원흉이다.

하지만 집은 일부지역만 오름세다. 생명력이 낮다. 지속력이 낮아 가격에 관한 신빙성은 지극히 낮다. 즉 집값 내림세와 인근 땅값과는 무관하다는 것이다. 부동산의 연계성은 개발과 관련 깊으나, 땅값과 집값은 별개사안이라는 것이다. 집값 폭등하는 곳 인근 땅값 역시 폭등, 거품현상이 발현. 집값 추락하는 곳 인근 땅

값은 미동한다. 떨어질 염려 없다. 실수요 목적으로 집 매수하려
는 자가 급증하기 때문이다.

집을 투자명목으로 매수하려는 자의 특징과 판이하니까. 오르
는 지역을 선택하여 매수를 결정한다. 오판이다. 오를 수 있는 명
목을 찾으려 노력하지만 찾지 못한다. 인위적으로 올렸기 때문이
다. 사람들이 대명제, 대의명분을 만들었다는 것이다. 사실상(명
목상으로 보이는 상태) 분양가상한제가 폐지되었다고는 하지만
집값을 함부로 올렸다간 매수예정자로부터 호된 멸시와 질타를
받을 지 모른다. 마치 토지거래허가구역을 풀어놓았다고 해서 거
래가 활성화 된다는 보장이 없는 것처럼 분양가상한제가 당장 적
용된다고 해서 분양가가 자유롭게 춤출 수는 없는 것이다. 내성이
생긴 규제책은 무용지물이다.

변죽만 크게 울리는 격이리라. 집값은 객관적이고 투명하나,
땅값은 지극히 개별적이다. 집값과 땅값의 특징이 같을 수 없는
이유 중 하나다.

'수도권 불패신화가 쉽게 식지 않는 이유'

수도권 불패신화는 쉽게 식지 않을 것이다. 시간이 갈수록 경기지역 땅 투자가치가 높아질 수 있기 때문이다. 경기지역 땅 가치가 높아질 수 있는 모토, 이유는 무엇일까. 서울인구가 경기지역으로 이동하기 때문이다. 젊은 인구와 노인인구가 함께 이동하고 있는 것이다. 귀농 및 귀촌생활 하려는 인구 역시 접근성을 우선시, 중요시하기 때문이다. 결국, 서울 집값 불안요소가 곧 경기도 땅값을 끌어올리는 큰 역할, 연유가 되는 것이다. 계속된 서울 집값 불안현상은 경기지역 땅값폭등을 야기하는 격.

수도권(서울, 경기, 인천)은 비수도권에 비해 범위와 상관없이 규제 강도(수위)가 강하다. 성장관리권역, 자연보전권역, 과밀억제권역에 의거, 곧 수도권정비계획법에 의해 관리, 감수, 보존 하에 놓여 있기 때문이다. 부동산 관련 시설물과 인구가 관리 및 정비 대상인 것이다.

(수도권정비계획법 틀에 들어간 곳은 서울특별시와 경기도와 인천광역시. 때문에 수도권을 서울과 인천과 경기로 함축할 수 있는 것)

수도권 - 난개발 속 규제(인구증가세가 만만치 않기 때문)

비수도권 - 개발(의 당위성)이 미약한 상황에서의 규제(인구감소세 우려)

사람들은 국토를 좋은 지역과 나쁜 지역으로 대별하곤 한다. 수도권과 비수도권으로 대별한다. 규제와 비규제로, 혹은 맹지와 비맹지로 구분하기도 한다. 잊어선 안 될 사안은, 수도권과 비규제지역과 비맹지 상태가 무조건 좋은 건만은 아니라는 사실이다. 왜? 맹지와 규제지역과 비수도권지역이라고 해서 무조건 접근성이 낮은 건 아니니까.

요는, 부동산은 절대가 아닌 상대성에 의해, 상황과 분위기(변수, 변질)에 의해 움직이는 재화인 것이다. 마치 럭비공처럼 어디로 튈지 모를 변수 하나가 어떤 사람에겐 투자의 매력으로 다가갈 것이고, 반대로 이상신호로 여길 자도 있을 것이다. 한 사람은 변수를 잠재력으로 승화, 인지하고 다른 사람은 하염없는 리스크로 인지하는 것이다. 투자자와 비투자자로 나뉘는 순간이다.

● 인구와 역을 필요로 하는 지역

　서울의 잠재력 - 과거와 판이한 지경. 계속된 인구감소세로 특별한 힘을 잃어가는 과정을 거치고 있다. 단순히 풍부한 인구구조가 잠재력의 모토가 되어선 안 되는 것이다. 비록 인구는 적을지라도 고정적인 인구가 꾸준히 증가한다면 그 지역 잠재력은 누구에게든 인정 받을 수 있을 것이다. 사람들 기대감은 계속 증폭될 터이니까.

　최소비용이 투자비용일 수 있어 투자 목적으로 움직이는 자에게 유리하다. 아무래도 인구가 풍족한 상태에선 거품가격이 만연할 수밖에 없다. 여러 인구, 사람들에 의해 만들어진 거품가격이 문제의 발단이 될 수 있다.

1. 인구를 필요로 하는 지역 - 이런 지역은, 일단 역 건설에 박차를 가하는 입장이라 미래에 불안요소가 들어갈 수 있다. 불리하다. 불투명할 수 있어서다. 역을 일단 개통한 후 그 효과를 기대하는 격 아닌가.
   예) 서해선 당진 합덕역사예정지 모형

2. 역을 필요로 하는 지역 - 이미 인구가 팽창한 상황이라 안정적이다. 도시형성의 참맛을 이미 경험한 지역 아닌가.
   예) 서해선 화성 향남역사예정지 모형

'개발과 희망, 그리고 희생'

2015년에 이어 2016년에도 제주 부동산의 기세는 꺾이지 않을 것으로 보인다. 중국관광객 등 관광인구와 더불어, 귀농 및 귀촌 인구 등 주거인구가 제주 부동산시장을 주도하지 않을까 싶어서다. 국제자유도시의 위상이 한층 강화되는 모형이리라. 여기에 신공항 개발이라는 개발청사진까지 확정 발표하는 통에 제주 부동산의 상승세는 전국 최고라 해도 과언이 아니다. 곰이 재주를 부리는 대신 제주가 재주를 부리고 있다.

그러나 개발에 마냥 박수만 칠 건 아니다. 해당지역주민들 입장과 투자자 입장은 극과 극이기 때문이다. 언제나 그렇듯, 개발엔 희생과 희망이 공존하기 마련이다. 개발의 망치소리 끝이 어떤 사람들에겐 희망의 목소리로 다가올 수 있지만, 다른 이들에겐 절망의 탄성으로 들릴 수 있기 때문이다.

제2의 제주 비행장이 개장한다면, 물리적 피해를 입는 사람들은 해당지역주민이다. 시끄럽다는 여론이 거셀 수밖에 없다. 개인적으로 공항장애가 극심할 게 뻔하다. 하루 이틀 공해 속에 시달리는 게 아니지 않는가. 공해와 소음에 삶의 질이 추락하여 사람 살기 힘든 공간으로 변질될 터. 행정적 피해도 극심할 것이다. 땅값이 폭등하여 규제(예. 공항시설보호지구, 최고고도지구)가 가해지는 건 차후 문제, 별개사안이다. 보상비가 문젯거리로 비화될 게 뻔하다. 인근으로의 이전이 불가능하기 때문이다. 가수요자 중심으로 거래가 급증하는 통에, 그리고 투기붐으로 개별공시지가가 급등할 수밖에 없는 것이다. 적은 보상비로는 이전이 불가능하다. 이전 비용이 턱없이 모자라 큰일 치를 게 뻔하지 않은가.

제주 공항이 들어서는 곳에서의 문젯거리, 골칫거리는 누구도 막지 못할 것이다. 한쪽은 물리적 피해로 정신적 피해와 고통을 호소, 주장할 것이고 다른 한쪽은 갈 곳 잃은 철새 신세로 노숙자 모형으로 전락할 수 있으니 말이다.

개발 붐이 반드시 투기붐으로 이어지는 우리나라는 역시 여전히 부동산후진국. 불경기에도 부동산 투자 열풍이 호경기 때와 별 반 다를 바 없는 것이리라. 그 붐과 분위기, 누가 막을 소냐. 국가 원수의 힘으로도 막지 못한다. 아니, 애써 안 막을 것이다. 막아도 소용 없다는 사실을 익히 잘 알고 있지 않을까? 얼마만에 스스로 찾아온 호기인가. 환영하는 자는 대다수요 그 반대의 목소리는 빛 을 잃을 지도 모를 일이다.

'세월에 강한 부동산 종목은?'

　땅은 세월이 약이 될 수도 있지만, 세월이 독이 될 수 있는 재화다. 워낙, 변수작용이 많은 종목이 땅 아니랴. 낡고 오래된 부동산이라는 수식어, 숙어와 전혀 어울릴 것 같지 않은 종목이 땅인 것이다. 건폐율과 용적률을 전혀 적용할 수 없는 상태의 무기체가 땅이기 때문이다. 평면적 색채가 강한 게 땅인 것이다.

　세월이 약인 경우의 땅 - 내 땅 인근이 현장감이 좋아지는 경우
　세월이 독인 경우의 땅 - 내 땅 인근에 기피시설물(예. 군사시설물)이 들어서는 경우

땅은 주변 상황에 민감한 재화다. 땅 자체의 가치보단 주변 가치를 잘 따진다. 수시로 말이다. 부동산의 연계성과 인접성에 민감하기 때문이다. 개별적인 개발(예. 전용과정)은 투자가치를 높이는 것보단 실활용가치를 높이는 정도에 불과한 것이다.

사람 몸은 세월이 지날수록 허술해진다. 부실해질 수밖에 없는 약점을 지닌다. 용도가 좁아져서다. 입지가 몰라보게 좁아지는 것이다. 낡고 오래된 사람보단 젊고 생기발랄한 상태가 훨씬 유리한 것이다. 아파트와 같은 지상물은 중년의 사람 몸과 같은 법. 그러나 땅은 젊고 패기 넘치는 사람의 경우와 엇비슷하다. 아파트와 같은 완성물(지상물) 대비 잠재성이 높다. 용도가 넓고 크다. 변수 넓이에서 기대감을 크게 갖을 수 있다. 세월이 흐를수록 아파트나 상가는 낡아버리지만, 땅은 세월이 흐를수록 낡고 오래된 인근 지상물들에 의해 악영향을 받지 않는다.

변수작용이 곧 기대감 아니랴.

세월은 부동산의 재탄생(예. 재개발 등)을 기대한다는 의미를 부여한다. 그런 의지가 내포되어 있다. 물리적으로 낡은 상태에선 재개발 이야기가 안 나올 수 없다. 안전도 시험대에서 D급이니 E급이니 말들이 무성하면 당연히 재개발 시험무대에 오르기 마련이다. 도마(언론) 위에 오르면서 소문이 크게 나돌기 마련이다.

물리적으로 내구력이 강한 게 땅. 개인적으로는 인내력이 필요
하다. 강한 생명력에 어울리는 종목이 땅이다. 장수시대에 땅 알
아보러 다니는 자가 급증세다. 제주 부동산 폭등세와 맞물려, 전
원주택 부지나 투자처를 모색 중인 것이리라. 엄마 자궁에서 태어
난 사람은 최종적으로, 인생 끄트머리에선 흙으로, 땅으로 돌아간
다. 귀농 및 귀촌인구 증가세와 결코, 무관치 않으리라. 춘천, 양
평, 화성, 평택, 당진, 제주 등으로 사람이 집중 몰린다. 전철(휴양
및 전원도시로서)라인을 보유 중인 춘천이나 양평은 실수요가치
가 높은 대표적 물의 도시. 물의 존재가치가 높아 물이 도시를 대
변하는 지역랜드마크 작용을 단단히 한다. 구축한다. 각기 강원권
과 수도권을 대표한다. 대변한다. 지역 자존심이다. 화성이나 평
택 등은 서해선복선라인 중 대표적 투자처로 사람들이 집중 몰리
는 곳이다. 한쪽은 자연(환경)을 모토로 개발이 진행되지만 다른
한쪽은 산업공간 이미지가 강해 투자자 발길이 잦다. 바쁜 편이
다. 과거, 제주 땅을 매입한 자는 장기간 맘고생이 심했다. 기획부
동산 통해 묻지 마 투자하는 바람에 물먹은 피해 사례가 많았다.
피해자가 급증한 적 있다. 그러나 그들도 이젠 희망을 그릴 수 있
는 입장이 되었다. 10년 전, 기획부동산 통해 제주 땅을 매수한 지
주들의 기대감이 크다. 부담감이 적어졌다. 오랜세월, 인고의 세
월이 결과를 빛나게 하고 있는 것이다. 인내력 가지고 참을 수 있
었던 것은, 장고 끝에 악수 대신 호수(잠재성) 둘 수 있다는 기대
감과 잠재성이 있었기 때문일 것이다. 세월이 약인 셈.

세월에 몹시 강한 부동산이 무엇이랴. 공기(air)가 존속하는 한 땅의 존재감은 영원한 것이다. 공간이 사라지지 않는다. 지상물은 사라질 수 있지만 말이다. 땅을 제대로 알면 돈이 보이는 이유가 아닌가 싶다.

● 땅과 지상물의 큰 차이점

땅 - 오래될수록(숙성, 성숙과정 중) 가치가 높아질 수 있어 기대감이 부담감보다 더 높다. 대형 지진에 의한 지각변동현상만 없다면 물리적 손상은 절대 없다. 보존형태유지에 문제 없다. 부동산 종목 중 가장 강한 생명력을 가지고 있다. 수명이 영원하다. 땅(건폐율과 용적률 활용 전의 모형으로서)으로서 말이다.

지상물 - 오래될수록 가치가 떨어질 수밖에 없다. 건물 수명은 영원할 수 없으니까.

땅 가치에 대한 기대감이 높은 까닭 - 땅 인근의 건물이 낡고 오래되어 재건축 과정을 거쳐야 한다면 인근 땅은 기대감 갖을 만하다. 헌 건물이 새 건물로 환골탈태 하는 통에 땅 가치가 변할 수 있어서다. 땅은 인근 지상물, 시설물, 구조물, 공작물 등의 변화에 크고 작은 반응을 보이는 재화다. 그렇기 때문에 내 땅 인근에 낡고 오래된 건물이 있다고 해서 큰 실망감, 부담감 가질 필요 없다. 기대감 갖을 수 있다. 물리적으로 위험한 건물은 재정비, 리모델링 과정을 밟을 수밖에 없다.

땅이 부담감 강하게 느낄 때 - 인근 지상물들이 낡고 오래되어 흉물스러울 때

땅이 기대감 가질 수 있을 때 - 인근 낡고 오래된 건물들이 재건축 과정을 밟을 때

지상물이 희망적일 때 - 인근 땅들의 용도가 업그레이드, 상향 조정될 때

‘땅 투자자 유형과 집 매수자 유형’

땅 투자자 유형 - 싼 땅 찾는 자, 이슈거리 찾아 헤매는 자, 잠재성으로 움직이려는자 등.

요는, 투자자는 규제를 변화시킬 수 있는 재료를 모색하는 자라는 것이다. 규제 많은 땅이 많기 때문이다. 그리고 규제는 최소비용으로 움직일 수 있는 모토 아니랴.

집 매수자 유형 - 편익성을 생명으로 여기고 움직이는 자, 수익성(전매행위 등) 보고 이동하는 자(=하우스푸어 모양)

땅과 집은 공통적으로 입지현황(자연환경)이 주요사안. 위치가 중요하다. 땅이건 집이건 녹지공간 상태를 견지해야 한다. 입지를 견지하자면 녹지를 견제하는 입장이 될 수밖에 없다. 어쩔 수 없는 행동이다.

녹지공간을 견지하는 이유 - 한 지역, 한 도시는 항시 녹지공간이 가장 넓기 때문. 녹지공간은 대자연이거나 대자연 일부일 수밖에 없는 것이다. 대자연에도 건폐율과 용적률이 존속한다. 다만, 우려되는 점은 그 존재성에 대한 악용 여부다.

건폐율, 용적률 - 부동산 외모지상주의의 허상일 가능성을 전혀 배제할 수 없는 지경. 용적률은 건폐율과 상이하기 때문이다. 용적률은 지하, 공용면적 등을 제외한다. 예외사항으로 둔다. 지하층면적, 지상층의 주차용(부속용도인 경우)으로 쓰는 면적, 주민공동시설의 면적, 초고층 건축물의 피난안전구역의 면적은 제외한다.

'부동산 투자 시기와 기회'

부동산은 시간과 공간으로 구성되어 있는 재화이기에, 필요할 때를 잘 알지 못하면 큰코 다친다. 필요할 때 매수하는 게 정상적인 것이다. 일반적이다(필요성이 아주 높을 때 매수해야 차후, 실망감 갖지 않을 것이다). 필요성이 낮다면 영원히 관망 및 소강세에 빠질 수 있기 때문이다. 매수 장소에 따라 매수시기가 정해지는 것이다. 매수시기에 주안점 둘 필요 없는 이유다. 조급할 필요 없는 것이다. 부동산에 관한 기회는 시간이 조절, 분출하지 않는다. 부동산에 관한 기회의 주재료는 장소요 공간이기 때문이다. 투자시기를 애써 정하는 것은 무의미한 일이다.

"투자시점을 알려주세요"

우문이다.

투자시기를 놓쳤다고 매수 포기할 건가. 투자시기를 놓쳤다고 후회하는 바보가 되지 말라. 투자시기 놓쳤다고 후회하기 전에 '위치가 곧 기회' 라는 사실을 바로 인지해야 할 줄 안다. 시간이 기회를, 기획를 만들어주지 않는다. 장소와 공간이 기획, 기회를 만들어줄 테니까.

개발계획(예정)지역을 향해 지금이 투자적기라고 큰 소리 뻥뻥 치는 자가 있다. 개발진행 및 공사 중인 지역을 앞에 두고 지금이 투자적기라고 말하는 자도 있을 수 있다. 개발완료지역을 코앞에 두고 투자가 적절한 곳이라고 큰 소리 치는 자도 분명코 있을 터. 이런 소리를 듣고 조급한 마음에 실수할 수도 있다. 초조한 맘이 드는 자가 있을 수 있다. 그러나 그렇게 초조하게 생각할 필요 없다.

투자는 시기보다 위치가 더 중요하기 때문이다. 투자시기보단 '투자장소의 위치' 가 훨씬 중요하다. '투자 장소의 위치' 가 '투자시기의 위치' 를 압도하는 것이다. 투자시점보다 투자지점을 우선시 하지 않으면 안 된다. 급하게 서두르면 실패할 수도 있다. 마치 음식을 빨리 먹으면 위험한 것처럼 시간에 쫓기는 신세라면 위험지역에 다다를 확률이 매우 높다. 부동산의 잠재성을 시간 속에서 모색하기보단 장소와 위치에 전심전력해야 할 것이다. 때 탓하지 말라. 그건 소모전이다. 버스 떠나면 다시 오지 않는다고? 천만에 말씀, 다시 온다. 다시 기회가 찾아온다. 떠난 버스만 버스인가. 떠난 버스보다 더 좋은 버스가 있다. 시간만 흘러갈 뿐이리라. 지나간 아쉬운 시간은 좋은 장소로 충분한 보상을 받을 수 있는 것이다.

● 개발에 관한 계기와 시기

개발 프로젝트는 일관적이다. 변함 없다. 과정만 말이다. 개발 종류는 다양할 것 같지만 안전구도를 그릴 수 있는 건 한정되어 있다. 신도시개발이나 역사개발, 택지개발(미니신도시) 등, 모든 개발은 주거시설을 기초로, 발판으로 삼는다. 단순한 편이다. 주거인구가 지역 브랜드 색깔을 지정하는 역할, 잣대가 될 터이니까.

관광개발, 즉 자연 개발이 주류를 이룰 수도 있다. 유동인구 모형을 따른다. 개발이 다양할 것 같지만 정밀하게 따진다면 다양하지 않다. 색만 다를 뿐이다. 개발이 다양하지 않다. 시기가 다양하지 않다.

예) 도입기 - 계획 및 진행상황

성숙기 - 완료시점

정착기 - 적응기간. 장기간이 될 수도 있다.

개발시 주거시설이 비어 있는 상태라면 개발효과는 낮아질 수밖에 없다. 성숙기간에 문제점이 발견된다. 결국, 개발 결과가 좋은 지 나쁜 지를 가늠하는 잣대는 주거인구 동태파악인 것이다. 우선적으로 말이다.

'여주선 복선전철에 관한 관심도가 높은 이유'

총선 해인 2016년은 여주선이 완공되는 해, 그리고 대선의 해인 2017년은 사람들 관심 대상이 될 것이다. 특히 대선의 해엔 아파트 물량이 대규모로 쏟아질 전망이기 때문이다. 약32만 가구가 공급되어 미분양현상과 다량의 하우스푸어 속출도 예상된다. 그 속에서도 여전히 거품현상이 발현할 것이다. 거품 없는 새 아파트는 현실적으로 존속할 수 없기 때문이다. 심각한 미분양이 사회문제를 넘어 국가문제로까지 비화될 것으로 예상된다. 2018년엔 대규모 미입주현상, 즉 악성미분양현상이 우려된다. 텅빈 아파트가 집값추락을 직접 대변한다. 인근의 비어 있는 상업시설물도 애물로 잔존하기 마련. 주거시설이 비어 있는 데 상업시설물이라고 온전하겠는가. 주거인구가 없는 상황 속에서 소비인구가 발현하기를 바라는 건 무리다. 유동인구 의존도가 높을수록 불안 안 할 수 없기 때문이다.

주택시장의 미래는 불안정적이다. 대형사고가 터질 기세다. 도저히 변할 기색 없는(기약 없는) 하우스푸어의 발현이 그것 아닌가. 대출 이자 싸다고 5억원을 호가하는 아파트를 4억원 이상 대출 얻어 겁없이 매수하는 젊은 사람들을 쉽게 발견할 수 있다. 투자를 겸해 움직인다는 데 더 큰 문제가 있다. 여지 없이 이들은 미래의 하우스푸어, 예비하우스푸어 아니랴.

대신 토지시장은 활력이 넘칠 것으로 보인다. 새 아파트가 발현하는 통에 인근 땅들이 일제히 미소 지을 수 있을 것이니까. 주변 상황에 예민한 종목이 땅 아니랴. 더욱이 여주선이 완성되는 바람에 수도권 오지 속에도 큰 바람이 불 수 있을 것이다. 해당지역은 광주와 이천과 여주다. 해당지역과 주민들이 거듭날 수 있는 계기가 될 것이다. 이들에게 여주선 존재 자체가 기회일 수 있다. 동기부여다. 갑자기 인구가 늘어날 수 있는 모토다.

그러나 여주선 경로를 거치는 판교 및 분당신도시는 거품의 온상이다. 서민들의 주택 마련이 쉽지 않은 지역이다. 상대적으로 광주와 이천, 여주의 주택가격은 저렴한 상황. 젊은 사람들의 기회의 땅이 될 수 있다. 주거시설을 알아보려는 인구가 다양한 각도로 급증할 것이다(인근 땅값 요동을 기회로 삼을 자도 있을 것이다). 아직까지 광주와 이천, 여주 주택은 거품과 무관할 터이니까.

광주의 도시형생활주택은 급증세다. 날로 급증하는 솔로족(1인가구 500만시대)에게 제격이기 때문이다. 거품을 의심할 수 있는 지경이다. 이 통에 이천이나 여주로 이동할 수도 있는 것이다.

'위성사진의 한계'

현장답사가 번거롭다는 이유로 컴퓨터 앞에서 게으름을 피우는 사람이 늘고 있다. 인터넷 통해 땅 검증절차를 밟는 것이다. 무리다. 위성사진과 현장사진으로 땅 위치와 성능을 파악하는 건 정확도 면에서 한참 모자라기 때문이다. 위성사진으로는 인구상황을 알 수가 없다. 지역산업과 관련된 고정인구와 주거인구 동향을 화면의 그림 속에서 알아내기는 힘들다. 현장에서도 정확도가 떨어지는 데 인터넷이야 오죽하겠는가. 주마간산식으로 흐를 공산이 높다.

단순한 답사하나로 눈앞에서 볼 수 있었던 유동 및 이동인구를 통해 지역 투자가치와 미래가치를 저울질 하기는 매우 힘들다. 역시 정확성에서 문제가 된다. 고정인구가 가격상승의 동력을 얻을 듯하다. 유동인구가 전혀 관련 없는 것은 아니지만, 고정인구 대비 유동인구는 그 가치가 들쭉날쭉하고 불규칙적이다. 사계절 이동인구가 달라서다. 상황이 달라 가치가 수시로 달라질 것이다.

예를 들어, 스키장과 골프장 인근의 부동산시장은 변화무쌍할 수 있다. 기상이변현상에 의해 겨울철 장사와 여름철 장사에 이상신호가 감지되기도 한다. 겨울 이상고온이나 여름에 자주 내리는 폭우가 문제를 심화시키는 것. 성수기와 비수기로 대별되기에 계절 변수도 무시할 수 없다.

여하튼, 위성사진을 맹신하는 습관은 버리자. 현장답사 시 고정인구 상태를 정밀하게 보자. 산업단지와 주거단지의 고정 및 주거인구가 한 지역의 중심 모토이기 때문이다. 인구의 양보다 그 질적 가치에 따라 움직이자. 위성사진으로는 인구를 정밀하게 분석할 수 없다. 예상은 가능하나, 그 정확성 면에서 부정확할 수밖에 없다.

'지역선정의 중요도 〈 위치선정의 중요도
〈 위치선점의 중요도'

투자자가 선행 해야 할 과제는 지역선정이지만 너무 광범위하다. 지역은 두 갈래로 나뉠 수밖에 없는 데 그건 바로 용도지역과, 수도권지역과 비수도권지역이다. 그러나 지역선정보다 위치선정에 집중해야 할 것이다. 지역선정은 구체적이지 않지만 위치선정 작업은 비교적 구체적이고 정밀하기 때문이다. 한 걸음 더 나아가 위치선정보다 위치를 선점하는 게 더 중요할 것이다.

용도지역 배정 시 선점을 잘못하면 사각지대나 외곽지대로 빠질 수도 있기 때문이다. 용도가 최종적으로 관철될 때 아이러니한

점은, 하나의 용도지역이 잘못 선정되었다고 해서 나머지 용도지역이 반드시 잘못된 선정이라고 단정지을 수 없다는 점이다. 지역 특색이 다양하기 때문이다. 주거지 중심의 부동산 문화가 정착되는 지역이 있는가 하면, 상업지 위주로 지역이 선정되는 경우도 있을 수 있다. 녹지공간 위주의 친환경이 모토가 되어 개발되는 지역도 없지 않다. 주거단지가 형성될 때 과거엔 녹지공간이 15% 정도 산출되었지만 지금은 사정이 달라져 30%수준까지 높아진 상황. 즉 건폐율과 용적률 등 외형의 모태(성적)로 부동산 가치를 판별하는 것보다 활용가치와 활용도에 집중할 필요 있다. 아무래도 개발 및 용도 위치가 탁월하다면 활용도마저 극대화 될 게 뻔하지 않으랴. 활용도가 높다는 것은 지역 유명세와 별개. 유명세 탄다고 해서 반드시 관광인구가 급증하는 것은 아니니까.

전체적인 지역인구 하나만 보기보단, 내 땅 주변 인구동향도 함께 견제해야 할 것이다.

'인물의 중요성 〉 지상물의 중요성'

부동산 투자의 이유는 결코, 복잡다단하지 않다. 부동산만이 가지는 고유의 힘과 성질에 의한 것. 곧 잠재력과 잠재성으로 움직이려는 것이다. 구체적으로, 지상물보단 인물 위주로 움직이는 것이 효율적인 것이다. 잠재력의 잣대가 단순히 지상물의 수적 우위에 있지 않다. 주변 지상물 모습 보고 투자해 낭패보는 경우가 많다. 공실률이 높다면 큰일이다. 그렇기 때문에 부동산 투자는 주변 지상물 구조보단 주변의 인물, 즉 인구상태를 눈여겨보아야 하는 것이다. 실수요가치가 편익시설물에 의존한다면 투자가치는 인물의 증가세에 기대해야 할 줄 안다.

인천의 한 지역은, 큰 건물들과 큰 아파트들이 즐비해 외형은 멋있다. 그러나 내실은 비어 있어 암흑과 같다. 인물이 없고 지상물만 화려하게 서있는 꼴이니까. 당연히 지역 품격이 떨어질 수밖에 없다. 키가 크나, 킷값을 제대로 하지 못하고 있다. 몸값 대비 능력이 낮다. 광역시 몸통 하나에 지나치게 큰 기대감, 의존한 탓이다. 거품가격도 무시할 수 없다. 광역시라고 해서 가격형태가 광역화 된다는 건 큰 무리, 모순이다.

여하튼, 부동산을 진정 움직일 수 있는 강력한 모토는, 지역 메카는 인물이 되어야 한다. 결코, 화려한 대규모 지상물은 아닐 것이다. 주변 인물의 영향력을 기대하는 것이다. 유명인사가 내 땅 주변에 있다면, 개발능력 있는 대기업이 내 땅 주변에 있다면, 일단 지역을 이슈화 하는 데는 성공한 것 아닌가. 관심 없는 부동산들만 상존한다면 희망 없다.

지상물 구조보단 인물구조가 부동산을 살리는 것이다. 경제를 살리는 것이다. 아무리 지상물이 다양해도 비어 있는 상태가 장기간 유지된다면 그 '지상물'은 '무용지물' 과 동의어가 될 것이다. '내실' 이 '유명무실' 되는 것 아니랴.

'정계약 해약률이 높은 이유'

땅 투자자는 개발청사진 및 그 가격의 정당성이나 타당성을 검증할 필요 있다. 정계약 하기 전에 모든 사안을 뚜렷하게 알아봐야 한다. 계약 후 알아보면 투자하기 힘들기 때문이다. 알아보는 과정에서 각종 잡음이 들어갈 수밖에 없다.

부산에 사는 금모 여인은 경기도 화성시에 땅을 정계약 한 후 부산의 여러 중개업소를 들러 자신이 계약한 땅에 대하여 물어보았다. 물론, 평소 알고 지내는 업자와도 대화를 나누었다. 그러나 중개업자마다 한다는 소리가 모두 부정적이고 비판적, 비관적이었다. 그 땅 사면 큰일 나기 십상이니 당장 해약하라는 해악의 목소리가 이구동성으로 들린 것이다. 어느 업자는 해약 한 후 자신에게로 오라고 노골적으로 '손님 뺏기' 까지 서슴지 않았다. 어쩔 수 없이 금씨는 계약을 해약하기에 이르렀다.

대구 여자 김모씨 역시 금씨와 같은 사례. 화성시 땅을 계약한 후 땅에 대하여 공인중개사들로부터 여러 의견을 들을 기회가 있었지만 역시 돌아오는 대답들은 모두 부정적이었다. 해약 예정이나, 화성 땅 파는 업자가 해약하기에 앞서 잘 알아보라는 조언을 하는 상황. 진퇴양난의 진흙탕싸움 중이다. 부산의 금씨나 대구 김씨의 경우, 계약하기 전에 땅에 대한 장단점과 성질들을 알아봤어야 했는데 그것을 무시했다. 그러는 통에 계약 이후 해약을 하거나 해약을 계획 중인 것이다.

땅의 본질부터, 변수들을 알아보지 못한 경우, 계약 이후 불안할 수밖에 없는 것이다. 땅 전문가로부터 조언을 듣는 게 우선. 순리다. 그러나 (지상물 위주로 거래하는) 동네 공인중개사 사무소의 경우, 땅에 대하여 소상히 알지 못하는 경우가 태반이다. 주거 시설이나 상업 및 업무시설물을 평소 자주 대하다 보니 땅의 본성을 잊을 수 있다. 이론과 실상은 다르지 않은가. 이들에게 조언을 바라는 건 무리. 부정적인 소리를 들을 수 있기 때문이다.

여하튼, 땅투자는 여타의 종목과 달리 기술적인 고단수의 작법이 필요한 것. 알아보기를 잘 하지 못한다면 확신이 들리 만무하다. 정계약 하기에 앞서 자신과의 계약(약속)을 하라. 땅의 특질부터 갖가지 변수에 이르기까지 제대로 견지+견제하겠다는 그런 단단한 철학과 철칙 말이다.

'집거지와 땅거지의 차이점'

과거 박정희 정권에 비해 굶주려 죽는 사람은 없지만 거지는 늘어나는 것 같다. 집거지인 하우스푸어 말이다. 준노숙인과 노숙인과 더불어 사회문제로 비화되고 있다. 집거지가 땅거지보다 더 많은 이유가 무엇일까(땅보유자는 전국적으로 약30%를 차지하고, 서울주택보급률과 지방주택보급률 격차는 갈수록 심화되는 판국. 각기 약50%와 100%를 육박).

집거지 - 무리한 대출로 투자명목으로 움직이는 자. 건설사 능력이 대단하다. 설득력이 대단하다. 분양능력보다 대출능력이 탁월하다. 건설사가 적극적으로 대출 알선하는 통에 최소액으로도 담보물건 통해 비싼 아파트를 일단 손쉽게 매수할 수 있는 것 아닌가. 더욱이 건설사는 미분양을 줄이고자 개발청사진을 손쉽게 그린다. 선분양후시공 방식이 낳은 패악 중 하나가 아닐 수 없다. 문제는, 계속해서 실수요 명목으로 움직이는 자보다 투자 겸 실수요 명목으로 움직이려는 자가 너무 많다는 것이다. 신도시 일부지역의 청약광풍의 허수, 허실을 그냥 맹신하는 자가 급증하고 있다는 증거다.

땅거지 - 대출알선 해주는 업자가 있겠으나, 그 수는 건설사에 비한다면 조족지혈 수준(아파트 담보보다 땅 담보로 매수하려는 용기 있는 자가 많을 리 만무). 최소 수준이다. 집에 비해 땅은 다른 모습이다. 땅거지는 환금성 낮은 땅 보유자이다. 대출 통해 땅을 샀지만 영원히 팔릴 것 같지 않은 경우가 있다면 땅거지 신세를 쉽게 면할 수 없을 거다. 그렇지만 땅은 장기투자종목이므로 쉽게 포기할 이유 없다. 집 대비 명목상 관리비와 유지비가 적은 편 아니랴. 토지재산세와 주택재산세 격차가 심하다. 개별공시지가 격차가 너무 심해서다.

개별적으로 주택거래량이 토지거래량보다 많다. 그러나 실상은 땅거래가 더 많은 지경이다. 토지가 아파트의 재료이기 때문이다. 아파트로의 내집마련처럼 큰 대의명분은 없을 것이다. 의식주 중 주가 집 아니랴. 상가도 땅도 아닌 것이다. 아파트 짓기 위해 맹지나 생땅을 잡아 택지화 과정을 밟는다. 비개별적으로 땅 거래가 꾸준히 증가하는 이유다. 더군다나 택지개발촉진법을 당분간 폐지하는 마당에 땅 모색 작업에 열정적인 건설사가 발견되는 판국 아닌가. 집거지가 줄지 않을 것이다. 내집마련 명목과 의식주의 주가 지대한 영향력을 행사하고 있다고 볼 수 있는 것이다.

● 집거지 계속 늘어난다

집값과 전셋값 갭이 갈수록 좁아지고 있다. 집값은 떨어지는 추세지만 전셋값은 오르는 상황이 계속해서 전개되고 있기 때문이다. 하우스푸어가 급증하는 원흉이기도 하다. 전세로 남의 집에 계속 사느니 차라리 돈 조금 보태 내집마련 하여 저금리 시대 월셋집주인으로 살아가 보려는 저의가 깊게 깔려 있는 것 아닌가.

그러나 현실은 녹록치 않다. 왜냐, 작금은 월세 태풍시대 아니랴. 월세공급량이 아파트 공급물량 버금간다. 비어 있는 도시형생활주택 찾기 어렵지 않다. 장기간 비어 있는 지역흉물로 잔존하는 경우도 있다. 아파트 하우스푸어도 급증세지만 작은 부동산의 표상인 도시형생활주택 하우스푸어도 급증세다.

집값 추락세가 계속 이어질 수밖에. 쉼없는 전셋값 폭등세가 쉽게 가라앉을 기미, 조짐조차 전혀 보이지 않는다. 저금리 기조가 전격 변하지 않는 한 말이다. 집값 불안정세가 계속 이어질 수밖에 없는 이유다.

내집마련 자가 줄고 있다.

집값상승세가 예전만 못해 집값에 관한 믿음감이 대폭 떨어진 상태 때문일 거다. 예측불허다. 매일, 자주 변하는 가격을 누가 예측, 예중할 수 있으랴. 그러나 더 큰 문제는, 집값 상승세에 대한 기대감을 포기하지 않은 자, 즉 예비 하우스푸어의 굽히지 않는 강한 기세다. 여전히 집을 재테크 수단으로 이용하려 애쓴다. 애용하려 든다.

집을 수익형부동산으로 여기는 자도 늘고 있다. 작은 아파트가 인기 높다고 거기에 올인, 몰빵하는 경우도 다반사다. 그러나 작은 아파트 공급물량도 만만치 않다. 비역세권 내 작은 아파트는 관심 대상이 아닐 수 있다. 그보다 더 작은 도시형생활주택도 남아도는 판국. 경쟁구도가 치열하게 전개될 수밖에 없다.

미분양아파트 및 공실률 높은 도시형생활주택 구도가 쉽게 가라앉을 것 같지 않다.

집값은 계속 불안증세에 시달릴 것이다. 집값 추락하는 것엔 구제할 날개(방도)조차 없는 상황이기 때문이다. 대안이 없다. 수요자 스스로 집 성질을 간파할 수밖에 없다. 정부가 집 사라고 (부양책 쓴다고) 집 함부로 사는 일 없어야 한다. 정부 말 맹신 하는 자는 투자 목적으로 집 사는 하우스푸어 될 자들이리라.

'역세권 땅 투자지역의 두 가지 모형'

역세권이 형성되는 곳에 땅 투자하는 건 만만치 않다. 결정을
스스로 잘 하지 않으면 안 되기 때문이다.

결정사안은 둘

(1) 단지가 형성된 곳에 역사 건설이 진행되는 지역 - 눈앞이 밝
을 수밖에. 현장감이 높다.

(2) 그 반대의 경우 - 내가 마치 맹인 같다.

(1) 주거단지와 관광단지와 공업단지 등이 조성된 곳에 역사가
건설되는 경우. 이 경우 주거인구와 유동인구와 고정인구가

한데 어우러져 투자자가 안정적으로 움직일 만하다. 인구모형이 다양하다. 경제활동인구와 비경제활동인구가 조화를 이룬 곳이라 유익, 유리하다.

(2) 역이 생기고 나서 각종 단지가 발현. 불안하다. 장기간 개발이 유보+유예되거나 2차 개발계획(예. 용도배분과정)마저 장기간 유예+연기된다면 큰일이다.

그렇지만 단지가 조성된 곳의 땅값은 통상적으로 비싸다. 수도권의 경우, 평당(3.3제곱미터당)200만 원 수준을 유지하기 때문이다. 단지가 조성되지 않은 곳의 땅값은 그 반대일 것이다.

결국, 역세권 개발지역의 땅에 투자하는 건 일장일단이 있을 수밖에 없는 것이다. 단점 없는 투자는 존재할 수 없다. 존재한다고 말하는 자는 사기꾼이다. 리스크 없는 투자도 없다. 투자의 특징은 두 가지라 본다. 단점이 있다. 리스크가 있다. 역세권 투자의 맹점과 강점은 공존하기 마련. 이런 사실을 받아들일 수 없다면 투자자 반열에 들어설 수 없다. 맹점은 각자 걱정거리를 만드는 모형, 그리고 강점은 각자 개별적으로 감사거리를 만드는 것이라 본다.

긍정의 눈빛으로 접근하려는 자가 투자자 될 확률이 높다.

'잠재성 갖춘 지역'

공산품은 세월이 흐르면서 힘이 약화되지만, 부동산은 다른 성격을 지녔다. 잠재력이라는 큰 힘 때문이다. 공산품의 보유기간과 부동산의 보유기간은 그 성질이 다르다. 공산품은 공간을 무시하나, 부동산은 공간을 소중히 다루는 입장.

사용하지 않은 가운데서도 가치가 높아지는 경우도 있다. 땅의 경우가 바로 그 경우다. 부가가치와 다르게 또 다른 가치, 즉 희소가치가 우연하게 발현하는 경우도 태반이다. 대운이 따르는 경우로, 이런 상황이 자주 일어나는 곳도 있다.

잠재력을 막을 길 없다. 부동산 주변 분위기와 국가 및 사회분위기, 문화적 가치에 관한 평가도 잠재력의 큰 모토일 수 있어서다. 부동산 수요인구보단 부동산과 관련된 사업과 산업 등이 큰 역할을 담당한다. 관련 산업의 물건들을 수요자가 수요, 구매하면서 수요인구가 늘어 해당지역 경제에 지대한 영향력을 행사+지배하는 법.

부동산 수요인구는 반드시 두 가지로 대별되기 때문이다. 잠재력이 큰 지역의 특징은 두 가지로 관철된다. 실수요자의 활동량이 많은 지역과 가수요자 활동세력이 큰 경우가 바로 그것이다. 부동산 거래량이 많은 지역이 잠재력은 높겠으나, 그보다 한 차원 더 높은 경우가 있다. 소비인구가 꾸준히 늘고 상업활동영역이 넓고 강한 지역이 잠재력이 큰 것이다. 아무래도 실수요자의 영향력이 가수요자 영향력을 크게 압도할 수밖에 없기 때문이다.

가수요자의 다른 표현법은 투기세력 아니랴. 그러나 이동복덕방 등 가수요자 없는 잠재력 높은 곳은 없다. 100% 실수요자로 채워진 부동산 공간 없듯 가수요자로 100% 가득찬 곳도 없는 것이다. 변한 것이다. 사람들이 쉽게 이동할 수 있는 도로와 철도 등의 영향력이 큰 것이다. 허허벌판에 역사가 건설되고, 휑한 곳에 큰 도로가 건설되는 경우는 없는 것이다. 없어야 한다. 성공확률이 희박해서다.

무에서 유를 창조하는 부동산 입지가 점점 좁아지고 있다. 전체인구 감소세와 젊은 인구 감소세 영향을 무시할 수 없다.

'부동산 전망의 재료는 (체계적인) 부동산 노하우'

부동산을 전망하는 행위는 대운 바라는 행위와 거반 비슷. 예측이 빗나갈 공산이 높아서다. 전망을 함부로 하지 말아야 하는 이유다. 미래의 특징 중 하나가 불투명함 아닌가. 느낌, 제육감에 의존할 수밖에 없다.

부동산 노하우는 부동산 전망과는 그 성격이 다르다. 부동산 전망에 의존하는 경우보단 상대적으로 투자 성공률이 높아서다. 기술적인 측면에서 꾸준한 공부와 현장에 대한 높은 이해도가 관건. 투자자가 집중해야 할 사안은 부동산 전망보단 부동산 노하우이다. 부동산 전망은 단단한, 정확도 높은 정보력을 필요로 하지만 부동산 노하우는 강도 높은 이해력을 필요로 하기 때문이다.

정확한 정보력은 권력자들의 고유 권한이다. 따라서 범민들 입장에선, 부동산 전망의 재료가 체계적인 부동산 노하우 체득에 있는 것이다.

'기분'의 차이(부동산 전망)와 '기술'의 차이(부동산 노하우 체득)를 제대로 견지할 수 있는 경지에까지 이른다면 안전구도를 달릴 수 있는 것이다. '분위기'에 쉽게 함몰, 합류, 휩싸일 수도 있는 부동산 전망 따위에 목숨거는, 올인하는 행동은 자제하지 않으면 안 될 것이다. 내년, 내후년을 전망하는 자가 있다. 분위기를 애써 긍정화 하려드나, 지극히 인위적. 일방적이라 신뢰도가 떨어진다. 전망보단 기술적인 방도 모색에 전념하지 않으면 부동산 거지 될 수 있다.

제주 일부 아파트 분양가가 평당(3.3제곱미터당) 평균 1500만원 운운한 적 있다. 호가다. 지극히 비정상적인 모드다. 그런 비정상적인 모형에 쉽게 함몰하는 행동은 하지 말아야 한다. '전망'보단 '정도'를 걷는 방도를 취하지 않으면 안 된다. 그 정도는 왕도. 자신만의 부동산철학(부동산 기준)을 보유하는 게 부동산 보유하는 것보다 우선인 것이다.

● 부동산 정보와 정도

　부동산 정보보다 더 중요한 사안은, 정도(正道). 부동산의 정도이다. 정확성 면에서 큰 차이를 보일 수밖에 없어서다.

　부동산 개발정보의 특징 - 허위정보와 날조된 정보가 만연. 지금은 난개발 시대 아니랴. 위정자들의 공약난발에 의해 허위정보가 난발할 수밖에 없는 구조다.

　부동산 정도의 특징 - 개발에 관한 타당성과 당위성이 중요하다. 개발의 '다양성' 보다 '필요성' 에 대해 정밀하게 관철하는 게 중요하다는 것.

　부동산 정보는 타인에 의존하는 스타일. 부동산 정도는 바른 길을 선택하는 과정.

　부동산 정보는 자료에 의존하나, 부동산 정도는 자기주관에 의존한다. 정도에서 벗어난 부동산 정보가 난발하는 판국. 비정상적인 개발구도를 따르면 위험하다. 리스크가 크다. 선거철에 날조된 정보가 무수히 쏟아지는 데 이는 유권자들을 무시하는 처사가 아닐 수 없다. 책임감 없는 공약이 문제의 발단이 되고 있다.

　부동산 정보에 앞서 부동산 정도(규칙과 기본)를 고수하며 움직이는 편이 훨씬 유익하다 할 수 있겠다. 부동산 정도를 걷는 자가 정확한 부동산 정보를 득할 수 있을 수 있기 때문이다.

'땅과 아파트의 공통점'

집 성질과 땅 성질은 확연히 다르지만 공통점이 전혀 없는 건 아니다. 공통점 한 가지가 있다. 아파트 건설은 선분양후시공 방식을 채택한다. 대부분 건설사가 이런 방식을 취하지만 불안정하다. 선시공후분양을 선도하는 경우는 흔하지 않다. 고객 돈과 은행 돈 통해 사업 진행하는 게 일반적. 미분양사태 벌어지면 건설사는 큰일 치른다. 미분양 수를 인위적으로 조작하여 줄이기도 한다. 수요의 극대화를 위한 일종의 연출인 법. 전국적으로 미분양 수를 정확하게 조사할 수 없는 이유다. 언론용 미분양 수를 믿지 말아야 하는 이유다.

헌(현) 아파트와 달리 새 아파트는 조감도 보고 매수한다. 이런 면에서 볼 때 땅투자와 비슷하다. 땅도 조감도 보고 투자하기 때문이다. 실물(실체) 보고 매수하는 게 아니다. 개발청사진 보고 아파트 매수하는 바람에 아파트를 투자 목적으로 움직이는 오판을 하기도 한다. 새 아파트 성질은 땅 성격과 거의 같다. 생땅을 새로운 땅과 헌 땅으로 구분하는 것은 아니니까.

새로운 아파트 리스크가 땅 리스크와 같은 연유다. 굳이 차이점을 말한다면 하나는 택지요 하나는 생지라는 점. 새 아파트와 땅 리스크는 크다. 조감도에 의존할 수밖에 없기 때문이다.

미래의 표지 - 조감도와 개발청사진

아파트 리스크는 미분양이나 미입주현상(악성미분양)이 아닌 부도사태를 의미한다. 땅투자 리스크는 낮은 환금성. 하나, 땅을 실수요 공간으로 여긴다면 안정적이다. 토지이용 공부에 열중하면 그만이니까. 땅투자 과정과 실수요 과정은 다르다. 땅투자는 분석과정이 필요하지만 실수요 명목의 땅 매수는 공부가 필요하기 때문이다. 공법을 준수하면 그만이니까. 그러나 땅투자는 공법 하나로, 법률 하나로 움직이면 낭패볼 확률이 높다.

2. 땅투자의 해법사랑

'역세권의 두 가지 얼굴(좋은변수와 나쁜변수)'

역세권은 두 가지 얼굴을 가지고 있다. 여러 유형을 내포한다. 현장감이 떨어진다고 해서 포기하지 말아야 하는 이유다. 기대감을 버리지 말아야 하는 이유다. 지금 당장 인구유입속도가 저조하다고 포기를 서두르면 안 된다. 역사 변수가 너무 많아서다.

인구가 적다고 무조건 역사 가치가 떨어지는 건 아니다. 인근 산업단지가 대규모로 입성하는 날엔 위기가 전격 기회가 될 수도 있다. 사람 없다고 무조건 가치 운운하면 안 된다. 쉽게 판단하지 말자. 삶의 질도 염두에 두지 않으면 안 되기 때문이다.

삶의 질이 높은 역사가 한 두곳이 아니다. 삶의 질의 척도가 반드시 다양한 인구와 화려한 편익시설은 아닐 것이다. 다만, 투자 가치가 낮을 뿐이리라.

　오이도역의 경우(역사 주변은 그린벨트), 환승역사지만 기대와 달리 현장감은 뛰어난 편은 아니다. 그렇다고 가치 운운하면 안 된다. 1번이나 2번 출구와 달리 3번 출구 입장은 다르기 때문이다. 삶의 질이 높다고 본다. 농사 짓는 사람들도 현장에서 발견할 수 있다. 여유롭다. 편해보인다. 좋게 표현하면 전원의 향기를 맛볼 수 있는 평화로운 풍경이다. 관광인구도 발견할 수 있는 곳이 오이도역 주변이다. 필자 생각엔 현장감이 떨어져도 오이도역 주변으로 희망이 보인다. 삶의 질이 높아 보여서다.

　역세권 주변으로 변수가 작용한다면 희망의 메시지가 발현하려는 신호인 것. 지금 당장 아무런 희망이 없더라도 붕괴라는 표현을 쓰면 안 된다. 역사 주변으로 어떤 시설물이 생기느냐가 최대 관건이다. 숙박시설이나 주거시설이 들어서거나, 상업 및 업무시설이 들어서면 인구유입현상이 발현하기 마련이다. 기피시설물(개별적으로 사고의 차이가 크지만)이 들어서지 않는다면 말이다.

'역세권 땅에 집착하는 이유'

저금리 기조 속 부동산 폭등시대가 지나자 수익형부동산에 관한 집착정도가 높아지고 있다. 그러다 보니 높은 공실률에 허덕이는 판국. 그러나 역세권 도시형생활주택은 다르다. 인기가 고공행진 중이다. 역세권이지만 공실에 허덕이는 경우도 있을 수 있지만 말이다. 거품가격이라는 의심 때문일 터. 이런 와중에도 역세권이 형성될 만한 땅도 인기가 고공행진 중이다. 수요량이 증가하고 있어 땅값이 폭등세다. 완성 되기도 전에 이미 거품수위다. 역 효과가 높다. 인구증가세(고정 및 유동인구)를 감히 누가 막을 수 있으랴. 인력으로 막으려다 외려 가격폭등세를 더욱더 부추기는 사례도 부지기수.

지금, 여주선과 서해선에 대한 관심도가 하늘을 찌를 정도로 높다. 대다수 컨설팅업체가 현장에 참여하여 가격폭등을 부추기고 있기 때문이다. 땅투자에 관심 있는 사람이라면 여주 및 서해 두 선을 모를 리 만무. 기획부동산이 난무하고 역세권 부동산에 대한 매력은 무궁무진하기 때문이다.

역사 개발이 진행 중에 땅값이 오르고 완료 이후의 역 효과를 기대하는 기대심리 역시 광대하지 않으랴. 역사 잠재력은 어느 누구도 예상이 불가능하다. 변수 많은 곳이 역세권 아니랴. 역세권 범위와 그 강도에 따라 가격이 판이하다. 천차만별이다.

다양한 구도의 개발보단 실용성 위주로 움직이는 게 순리. 그것이 안전구도를 걷는 것이다.

독자 중에 합덕역에 투자하는 게 좋으냐, 아니면 향남역이나 송산역에 들어가는 게 좋으냐고 묻는 경우가 있다. 그다지 어렵지 않은 질문처럼 보이나, 그 나름대로의 특색이 있기 때문에 대답이 곤란하다. 가격차가 심하다. 가격차별화가 심하다. 가격차별화가 모든 걸 결정, 해결해주는 것도 아닌 상황. 개발사안이건 가격사안이건 간에 공정성과 차별성이 함께 발현할 수 없는 게 부동산의 허점이다. 인위적으로 조정할 수 없는 맹점이다.

인구색깔도 다양한 지경. 도시 형성이 된 상황에서의 역사 개통과 그 반대의 경우를 정독+구분하지 않으면 안 된다. 고정 및 주거인구 따라 가격이 판이하다.

여하튼, 역세권 미래와 매력은, 다양한 변수의 발효. 인구증가세에 관한 기대감이 높다.

비어 있는, 허허벌판의 역사 모형은 두 가지로 관철된다.

지상물의 부족현상과 인구부족현상이 그것. 위치와 방향이 적확한 역사의 특징은, 인구가 꾸준히 증가한다는 것이다. 더불어, 다양한 건물들이 마구 입성하는 것이다. 기대감이 높아 가격상승 속도에 가속이 붙을 것이다.

역사에서의 주의할 사안은 두 가지다. 정밀한 거품가격수준과 수용여부(예. 1, 2차 수용실태와 추후의 추가 수용여부) 파악이 그것.

이 두 가지 리스크만 피할 수 있다면 역사 투자는 실패할 확률이 낮을 것이다.

● 역세권 개발지역의 두 가지 힘

역세권의 특징은 수많은 변수가 작용할 수 있는 충분한 공간을 함유+확보할 수 있다는 점이다. 즉 잠재력이 높다는 것이다. 장기적 관점에서 그 힘은 극대화+무한대일 것이다. 그로 인해 땅값 구조와 종류가 다양하게 반출할 수 있다. 가격변동상황이 자주 발현한다. 지주 입장에서 기대감이 높은 이유다. 이동수단을 선용하는 입장이라 가격이동폭이 크고 넓다. 버스 등 타 교통수단 대비 빠르다. 속도를 예상할 수 있다. 버스와 달리 규정속도를 위반하면 돌이킬 수 없는 대형사고를 유발할 수 있기 때문이다. 속력이 대단하다. 도로 대비 철도가 훨씬 빠르기 마련이다.

결국, 역세권에 변수가 많은 이유는, 다양한 체질의 '잠재력'과 단순 구도의 빠른 '속력' 인 것이다. 역세권 개발과정에서 다양한 구도의 변수가 작용하지만 비교적 안정적이다. 계획 및 진행과정 중에 몇 차례 가치가 이동하여 가격변동현상이 발현한다. 완료시점에 가격의 극치를 선보일 터이다. 그러나 완료시점에 모든 사안이 끝나는 건 아니다. 완료시점에서 다시 개발모드가 형성될 수 있기 때문이다. 완성도가 높아지면서 또 한 차례 가격상승과정을 거칠게 거칠 터이다.

거리 역시 변수가 심한 지경. 역세권 거리가 500미터니 300미터니 수치를 정하는 건 무리다. 거리가 가깝다고 해서 반드시 역세권에 대한 영향력과 잠재력이 광범위한 게 아니기 때문이다. 거리가 1000미터가 넘어도 역세권 주변에 다양한 각도의 인구가 형성된다면 역세권 반경은 광범위한 법. 따로 정할 사안이 아닌 것이다. 역세권 범위를 인위적으로 만들기는 힘들다. 예상이 힘든 이유다. 변수에 적극 따를 뿐이리라. 단순히 다양한 변수가 두려워 역세권 예정지 접근이 힘들다면 역사예정지 땅투자는 영원히 남의 일이 되고 말 것이다.

'도로 접한 땅이 무조건 좋은 건 아니다'

용도지역이 존재하는 이유가 무엇인가. 100% 실활용을 위함이다. 토지이용자들을 위한 배려요 명분인 것이다. 단, 투자 명목으로 움직이는 자에겐 그저 작은 참고자료에 불과하다. 대다수 투자자들을 위해 용도지역이 존재하는 게 아니라는 말이다. 초보자가 착각하기 쉬운 부분이다. 해당지역 지자체 공무원에게 개발사안을 물어보았자 소용 없는 것이라는 말.

따라서 투자자가 용도에 치중하는 건 소모전이다. 다만, 용도지역의 위치가 중요한 것이다. 용도지역의 존속이 투자자를 위한 대의명분은 결코 아닌 법.

유익한, 유리한 용도지역을 판단할 수 있는 항목 - 도로 상황.

다만, 도로 위치가 중요하다. 도로 위치가 안 좋다면 용도지역이 아무리 도시지역 일반주거지역이라도 가치가 높지 않은 법. 물론, 도로에 접한 땅이라고 반드시 접근성이 높은 건 아니다. 도로의 존재성에만 집중한다면 그 도로는 접근성이 낮은 것이다.

용도지역 위치와 도로 위치가 매우 중요하다. 투자자 입장에선 개발 위치가 주요사안. 실투자자 입장이 아닌, 투자자 입장이라면 용도, 도로, 개발청사진 위치를 함께 견지하는 게 절대 유리하다. 유익할 것이다. 리스크가 절대적으로 낮아질 터이니까.

도시지역이지만 위치가 안 좋은 상태라면 위치가 탁월한 농림지역이 더 유리하다. 잠재력이 더 높지만 가격은 저렴하게 접근할 수 있기 때문이다. 대규모 관리지역 인근의 농림지역 상태라면 추후, 농림지역이 관리지역으로 용도변환할 가능성이 지배적.

도로 접한 땅을 무조건 좋은 땅으로 치부하는 건 무리. 용도 하나로 좋은 땅이라고 평가 내리는 것 역시 무리다. 이는 마치 화려한 대형 개발청사진이 무조건 잠재력이 높다고 평가 내리는 경우와 매일반인 것이리라. 위험한 판단이다.

우리나라는 체질상 맹지가 많은 나라다. 맹지천국이라 해도 과언이 아니다. 도로 접한 땅이 무조건 좋은 건 아니다. 즉 맹지 위치가 중요하다는 것이다. 맹지도 접근성 높은 맹지와 접근성 낮은 맹지로 구분하기 때문이다. 산지가 64%요 농지가 약20%대인 우리나라 아니랴. 도로에 접한 땅이 무조건 좋은 건 아니다. 전후사정 없이 집 지을 수 있는 땅이 무조건 좋은 건 아니지 않는가.

'부동산의 작은 공간과 큰 공간'

부동산의 공간은 생명줄. 도로도 공간 중 하나이기 때문이다. 부동산의 생명이 곧 공간의 활용도인 것이다. 공간은 두 가지로 대별된다.

1. 부동산 공간
2. 부동산 주변 공간

실수요 명목의 부동산이건 투자 덕목이건 간에 분명한 사실은, 어느 부동산이든 부동산의 주변상황(공간)이 중요하다는 것이다. 공간을 십분활용하지 못하면 아무리 높은 건폐율과 용적률이라도 유명무실한 것이다. 존재가치가 낮을 수밖에 없다. 갖가지 인구가 뒷받침 되지 않으면 안 되는 이유다.

갈수록 부동산 크기가 작아지고 있지만(예. 소형아파트가 대세) 반드시 작은 부동산 인근의 공간이 작을 수는 없는 법. 큰 부동산 인근이 작은 공간이라면 공실률이 높을 수도 있다. 작은 부동산이 반드시 주변의 작은 공간을 요구할 사안은 아니다. 큰 부동산이 반드시 주변의 큰 공간을 요구할 사안도 아니다. 내 부동산 인근이 광활한 녹지공간이 형성된 상태라고 해서 가치가 낮은 건 아니다. 놀고 있는 녹지공간은 놀고 있는 상업공간과 별반 다르지 않다. 녹지공간에도 건폐율과 용적률이 있기 때문이다.

놀고 있는 땅이나, 놀고 있는 지상물이나, 매한가지 입장이다. 공실률 높은 상업공간은 광활한 녹지공간과 같은 수준이다. 비어 있는 도시의 중심(도심)이나, 비어 있는 외곽지대나 매한가지 입장인 것이다.

● 땅 매수자의 두 가지 길

좋은 땅의 기준점을 정하는 게 중요하나, 그 기준은 개별적일 수 있다. 바른 방향을 설정, 선점하는 게 중요하다.

투자자 입장에서의 좋은 땅 기준 - '개발' 의 위치가 중요하다.

국가적인 개발이 필요하기 때문에 단순히 위치에 치중할 필요 없다.

실수요자 입장에서의 좋은 땅 기준 - '도로'의 위치가 중요하다. 건축행위가 필요하기 때문(개별적인 개발).

개발성향엔 국가 주도로, 혹은 지자체나 민간업체 주도로 개발하는 경우가 있지만, 개인적으로 개발하는 경우도 있다(예. 전용과정). 국가나 지자체 자체가 개발하는 경우, 생산녹지지역+농업진흥구역, 보전관리지역 등 용도지역이나 용도구역에 신경 쓸 이유가 없다. 개발과정에서 용도 변혁 과정을 밟을 수 있기 때문이다. 그러나 개인적인 개발은 용도가 중요하다. 현재의 용도지역이 중요하다. 비개인적인 개발은 미래의 용도를 중요시한다. 실수요자보다 투자자에게 맞는 개발형태다.

방향선정, 설정이 중요하다(땅 사기 전에 확실하게 정해야 한다). 항시 길은 두 길. 실수요의 길로 가느냐 아니면, 투자의 길로 발을 들여놓느냐가 관건인 것이다. 자신의 성향조차 모른다면 부동산 매수의 길이 길이길이 고난의 길이 될 것이다.

'지목과 용도보다 더 중요한 것'

　유난히 땅의 지목과 용도에 집착하는 사람이 있다. 땅 주변을 보지 못하는, 좁은 시야가 문제다. 지목과 용도보다 더 중요한 것은, 지목의 위치와 용도지역의 위치다. 주거인구의 질적 가치가 높고 다양한 유동인구의 지하철 5호선 여의나루역 지목은 하천으로 분류되어 있다. 용도지역은 자연녹지지역이지만, 그 주변은 상업 및 업무시설과 대형 주거시설로 다양하게 분포된 상황이다.

　지목 자체보단 인근 지목 상황과 용도지역이 중요한 것이다. 대지 상태 자체가 중요한 게 아니다. 대지 주변이 농지와 임야 뿐이라면 잠재성과 접근성이 낮기 때문이다. 그렇지만 농지 주변이 다양한 각도의 지목과 용도로 분포되어 있다면 잠재성과 접근성이 높은 것이다. 농지의 보전가치보다 존재가치가 빛나는 것이다. 농지도 농지 나름인 것이다. 용도지역과 그 주변이 중요한 것이다.

여하튼, 지목과 용도 자체에 연연하기보단 지목 위치와 용도지역 위치에 집중하는 습관을 가진다면 실수할 확률이 대폭 낮아질 것이다. 개발지역 용도와 지목에 연연하다가 정작 중요한 포인트를 놓치는 우를 범하지 말지어다. 용도가 높고 지목 상태가 좋다고 무조건 다양한 인구가 유입되는 게 아니기 때문이다. 용도가 낮고 지목이 임야나 농지라도 위치가 괜찮다면 다양한 인구가 유입될 수 있다. 인구증가세가 꾸준하다면 꼭꼭 숨어 있는 잠재력에 관한 기대감이 증폭되는 것이다.

● 용도와 지목에 관한 다양한 각도의 변수 숙지하기

용도와 지목에 관한 다양한 각도의 변수를 인지하지 않으면 안 된다. 계획관리지역이 대지상태라면 현장감 높을 가능성이 지배적. 그러나 농지상태라면 현장이 휑한 경우가 태반 이상일 거다. 그러나 이는 절대적이지 않다. '용도와 지목'으로 모든 상황을 판단, 인지하는 습관은 좋지 않은 습관이다. 구태의연한 사고는 즉시 버리도록 노력 하자. 외려 도시지역 일반주거지역이 생산녹지지역+농업진흥구역보다 현장감이 현저히 떨어질 수도 있다. 건폐율과 용적률이 높다고 해서 무조건 현장감이, 접근성이 높다고 볼 수 없기 때문이다. '용도'가 모든 걸 대변할 수는 없다. 개발효과로 인하여 용도가 변했지만 현장감이 여전히 낮은 지역도 적지 않다. 개발효과를 보지 못해 용도가 변하지 않았다고 해서 무조건 현장이 변하지 않을 거라는 사고도 큰 착각, 큰 문제다. 용도가 변하지 않았지만 개발효과를 톡톡히 누리는 지역도 발견되고 있기 때문이다. 용도가 변하지 않았지만, 즉 각종 건축물이 다양하게 입성하지는 못했어도 각종 다양한 인구구조가 지역변화를 대변하는 것이리라. 용도가 변했다고 인구구조가 진보하는 건 아니다. 용도가 변하지 않았다고 인구구조가 퇴보하는 건 아니다. 비록 용도가 변하지 않을지라도 개발효과에 의해 고정인구가 급증하는 사례도 적지 않다. 부지기수다. 더불어 각종 건축물이 들어오면서 자연스럽게 지역발전의 모토가 본격적으로 마련되는 것이다.

역사가 무난히 완성되었다고 해서 안심할 건 아니다. 역세권 효과를 용도변환에 치중할 필요 없다. 용도변경이 되지 않았다고 크게 실망할 필요 없다. 용도변경이 되었다고 해서 방심하면 절대 안 된다. 실상이 중요하기 때문이다. 늘 허상이 위험하지 않은가. 허상은 방심을 만든다. 용도변경이 급격한 지역변화, 지각변동을 보증하는 건 아니다. 진정한 개발효과는 질적 수준이 높은 인구구조의 변화인 것이다.

'임야 위치와 농지 위치의 차이점'

　부동산은 입지가 생명이라 할 수 있다. 마치 사람에게 중요한 물이 생명인 것처럼 부동산의 입지가 부동산의 생명인 것이다. 그렇기 때문에 입지를 풀어 '자연환경' 이라고 칭하는 것이다. 개별적으로 처지와 상황을 말하는 것이다. 부동산의 위치가 곧 생명인 법. 위치가 곧 힘인 것이다. 생명력이다. 농지(전답 및 과수원)와 임야의 평가를 과감히 내릴 때 위치 파악부터 하는 이유가 뭐랴. 위치에 따라 그 상태가 달라지기 때문이다. 농지(예. 농업진흥구역 안) 위치가 대지 위치보다 더 좋은 경우가 있다. 물론, 그 반대의 경우도 있다. 현장감 높은 농지와 현장감 낮은 대지가 존속한다. 공존한다. 물론, 투자처 모색 중엔 반드시 전자가 투자가치가 높을 터이다. 도시생활과 전원생활을 함께 영위하고자 한다면 현장감과 같은 명목은 실수요자에겐 그저 사치에 불과하다. 소모전에 불과할 수 있기 때문이다.

임야의 위치와 농지의 위치(상태)는 전혀 다른 의미를 가지고 있다. 악산 위치를 반드시 견지+견제하지 않으면 큰 화를 당할 수 있기 때문이다. 이를 테면, 국립공원 위치를 견제하자는 것이다. 이런 상태의 산이라면 개발이 거의 불가능하기 때문이다.

좋은 위치 하나가, 땅의 모든 불리한 상황을 역전할 수 있다. 그만큼 부동산의 위치가 중요하다는 것이다. 힘 있다. 투자자가 실수요자보다 더 중요시 여기는 부분이다. 투자자는 여러 모형의 인구상황도 함께 견지하지 않으면 안 되기 때문이다. 친환경 모토로 개발하는 작금의 부동산 개발형태와 무관치 않으리라. 힐링을 필요로 하는 인구가 급증하는 판국. 시대 흐름이다.

● 부동산 위치와 부동산 가치

부동산 '가치' 가 곧 부동산 '위치' 인 법. 위치가 가치를 만들기 때문이다. 위치가 가격을 만든다. 가치가 가격을 만든다. 간혹, 가격이 가치를 만들기도 하나, 그건 사기요 가식일 것이다.

강북의 낡고 오래된 작은 구옥 하나가 8억 원 넘게 팔렸다. 옆 구옥이 팔리는 바람에 쉽게 비싼 가격에 팔린 것이다. 빌라업자가 구입해 개발한다는 것이다. 명목이 확실하다. 이런 가운데 중개업자들과 집주인들이 한 통속이 되어 가격이 가치인 양 쓸데없는 거품을 만든 사례. 서민들 눈엔 기현상이 아닐 수 없다. 땅값 자체에 심한 거품이 들어갔기 때문이다. 개별적으로 팔 경우는 턱없는 가격이다. 물론, 낡고 오래되어 팔릴 리도 만무하다.

부동산 가치가 우선이 되어야 한다. 가격은 최종 결정 사안. 궁극적으로 정하는 것이 가격 아니랴. 가치 기준이 우선이다. 중요하다. 가격 기준을 우선적으로 정하는 건 위기를 초래할 수 있다. 차후, 높은 지역 공실이 우려된다. 부동산 가치가 부동산의 바른 길인 법. 부동산 가치가 부동산의 생명인 것이다. 생명력 잃은 가격은 거품의 다른 표현법.

가치의 재료가 접근성과 현장감, 그리고 인구구조가 되어야 마땅 하리라. 가격의 재료가 접근성과 현장감, 인구동향이 되어선 안 된다. 거품가격에 쉽게 크게 노출되면 낭패보기 십상이리라.

'이런 땅은 절대(!) 사지 마라'

'이런 땅은 절대 사지 마라'

이런 조언은 함부로 할 수 없다. 입장차가 커서다. 실수요자와 투자 명목으로 움직이는 자는 확연한 편차를 보일 수밖에 없다. 개발계획 안에 들어간 농업진흥구역 땅을 절대 사지 말라는 조언은 성의 없는 조언이다. 의미 없는 자문이다. 물론, 투자자 입장에서다. 실수요 개념으로 움직일 자에겐 개발계획은 소용 없는 무기가 될 것이니까(거품가격에 매입하면 무의미). 농사를 짓겠다면 당연히 농업진흥구역 땅이 적격이겠으나, 개발계획 없는 농업진흥구역 땅은 투자자에겐 독약과도 같은 애물이다.

그렇기 때문에, 좋은 땅의 기준을 정하기에 앞서 입장 표명을 정확하게 하지 않으면 안 된다. 실수요자 입장에서의 좋은 땅과 투자자 입장에서의 좋은 땅의 기준은 반대 입장이기 때문이다.

투자자 입장에서의 좋은 땅의 기준 - 용도와 지목, 도로상황 등보단 내가 사고자 하는 땅의 위치가 중요하다. 물리적 요인보다 더 중요한 것은, 실용성. 개발청사진의 실효성과 실현가능성에 집중하는 것이다. 즉 개발에 관한 타당성을 정확하게 검증하지 않으면 안 된다. 위치가 곧 미래이기 때문이다. 접근 및 현장감을 보증받을 수 있는 모토가 위치인 것이다.

실수요자 입장에서의 좋은 땅의 기준 - 환경오염 등 물리적 요인을 알아보는 게 중요하고 도로 상황도 매우 중요하다. 활용도가 낮으면 말짱 소용 없는 일이 되기 때문이다. 도로 위치가 중요한 까닭이다. 도로 자체에 집중하기보단 도로의 위치까지 견제할 수 있는 능력이 필요한 것이다.

● 외부세력에 몹시 취약한 부동산 종목

외부요인과 여건에 취약한 부동산 종목이 땅이다. 그렇지만 절대적일 수는 없다. 예외사항이 반드시 엄습하기 때문이다.

예) 겨울철 비수기 - 기온 하강시 가격도 하락할 수 있다.

여름철 비수기 - 기온 상승시 가격도 상승한다고 말할 수 없다.
견본주택의 앞 일시적인 청약열기 현장(현상) - 가격상승의 요인, 허수에도 민감(거품발현의 원흉)

우리나라 날씨가 변했다. 봄가을이 짧아진 것이다. 사계절 뚜렷한 나라에서 두 계절 뚜렷한 나라로 변색된 것이다. 겨울과 여름이 길어지는 바람에 가격과 더불어, 개발청사진 역시 냉온탕과, 천국과 지옥을 매일 수시로 오간다. 확일적이다. 단순해졌지만, 소강 및 관망세가 거세다.

여하튼, 땅만큼은 상승세의 주름을 잡을 수 없는 지경. 주름이 쫙 펴진다. 장기간 하면기와 동면기에서 해방되는 바람에 말이다. 작은 소문 하나에도 귀 기울여 미동하는 입장이기 때문이다. 택지가 움직이면 인근 농지나 녹지공간도 미동하는 지경 아니랴.

'몸무게와 잠재력은 정비례'

체중과 펀치력은 정비례 - 권투경기

몸무게(용적률)와 잠재력은 정비례 - 부동산경기(시장)

여기서 강조하는 체중미달은 정원미달을 의미하는 것이니까. 비어 있는 부동산이 늘고 있는 것은, 빌공자 공약 난발이 주원인. 공약난발이 비어 있는 부동산을 양산한다.

지방땅과 지방대학의 특징은 무엇인가. 일부분이 아닌 대부분, 정원미달현상에 허덕일 것이다. 수요자가 없다. 사람 부족현상에 허덕이기 때문이다. 수도권 땅과 서울의 대학구조는 그 반대다. 수요자 입장에서 볼 때 수도권인구는 대한민국 전체인구의 절반이라 늘 희망적이고 긍정적이기 때문이다. 서울특별시의 공부 못하는 학생 대부분은 지방대로 내려가는 처지. 서울의 부동산 거품에 지레 겁에 질린 서민층이 지방으로 이전하는 모형과 별반 다르지 않다.

부동산의 강력한 무기는, 부동산을 역동시킬만한 무기. 신무기의 태동일 것이다. 이를 테면, 타 지역과의 차별화를 선언한 개발 이슈의 태동을 말하는 것이다. 각종 다양한 지상물이나 시설물 등 (지상물+사물) 개성 있는 디자인의 지상물(상징물) 역시 부동산의 강력한 무기로 상용되는 것이다.

그러나 지역흉물과 지역보물이 공존한다는 데 문제가 있다. 노는 부동산이나 비어 있는 부동산이 많다면 지역 흉물이 될 것이고 꽉찬 지상물이 있다면, 즉 몸무게(용적률 활용가치)가 무겁다면 지역 보물 노릇을 톡톡히 할 수도 있다. 다만, 체중을 오버하여 과체중에 시달린다면 문제 많다. 그건 거품가격을 유발하는 요소가 되기 때문이다. 무겁기만 하지, 존재가치가 낮아지고 만다. 갑자기 수요자가 급감하여 지역흉물로 변질될 수도 있다.

'환금성 보장하는 물건의 특징'

환금성이 단단한 물건의 특징은 무엇인가.

가격이 무조건 싸다고 환금성이 높은 건 아닌 것 같다. 역시 가치가 가격 기준 아닌가. 역세권이나 신도시 주변에 존속하는 땅들은 비교적 환금성이 뛰어난 편이다. 젊은 실수요자와 젊은 투자자가 공존하는 곳이 환금성이 높다. 아무래도 연만한 실수요자와 투자자가 공존하는 곳보다 잠재력 면에서 낮지 않을까 싶어서다. 가수요자만 극성 거리는 지역엔 생명력과 잠재력이 낮다. 그 주변 분위기가 좋은 편은 아닐 거다. 단순히 투기세력이 실수요 세력을 압도할 수는 없지 않은가.

보험상품과 투자상품의 공통점이 무엇이랴. 지급이 제한되는 사항이 있을 수 있다. 개발이 제한되는 경우의 수도 발생한다. 매수세력은, 외부세력과 내부세력으로 이루어진다. 구별된다. 외지 사람이 몰려드니 지역주민 맘도 요동치는 것. 투자심리가 직간접적으로 작용한다. 끈 없는 러닝화는 전진을 막는다. 러닝화의 끈 역할은 부동산의 매력. 부동산의 매력을 모색하는 과정은 부동산 공부 과정. 끈 없는 러닝화란, 끝없는 질주를 의미할 거다. 이는 목표, 방향 상실 상태라서다. 무턱대고 잠재력을 향해 무단횡단과 신호위반하면서까지 질주할 필요는 없다. 장기 소모전을 줄이자는 것이다.

● 부동산의 나이와 잠재성

나무 나이는 나이테 통해 판별, 판단 가능하다. 사람 나이는 얼굴 주름살 통해 알 수가 있다. 부동산 나이는 어떤 경로를 통해 알아낼 수 있을까.

땅 이외의 부동산 나이 - 판단이 비교적 용이하나, 잠재력은 낮은 편.
땅 나이 - 판단이 용이하지 않다. 그러나 잠재력은 높은 편.
대한민국의 대표적 나이 많은 늙은 신도시 - 분당신도시

대한민국을 대표할 수 있는 잠재력 높은 젊은 신도시 - 판교신도시

입지상황이 최고 수준인 판교 및 분당신도시의 가장 큰 강점은 부동산1번지인 강남지역과의 큰 접근도일 터. 그러나 가치와 별개로 가격차이가 너무 크게 벌어지고 있다. 판교신도시가 분당신도시보다 부동산 가격이 더 비싼 지경. 강남 송파 수준이라서다. 잠재력이 더 높기 때문에 아파트 등 주거용부동산이 분당 대비 판교가 더 비싼 것 같다. 젊은이들이 많다 보니 건물들도 젊고 역동적이다. 젊은 인구들이 주택을 구입할 때 재테크의 의미가 크다. 젊다는 강점 때문에 실수요 겸 투자 명목으로 구입한다지만 투자목적이 훨씬 크다. 다량의 하우스푸어가 속출할 수도 있다. 판교신도시보다 분당신도시 나이가 약 20살 더 위다. 원조 신도시다운 어른스런 면모다. 성숙단계를 넘었다. 판교신도시는 숙성의, 성숙단계에 접어들었다. 여주선 시발점이자 환승역이다 보니 많은 사람들로부터 주목 대상인 것이다.

판교신도시 특징은 확실하다. 주변환경의 변화가 아닌, 적극적인 인구동태변환 때문이다. 젊은 인구가 급증하고 있다. 재건축이나 리모델링 대상인 분당 대비 판교는 웅비의 기회가 다양하고 넓다. 판교엔 고정인구와 젊은 인구가 많다. IT의 표상이다 보니 고정인구가 계속 젊어지고 있다.

지역 잠재력이 높은 판교신도시에 투자세력도 만만치 않다.

지역 잠재력의 기준 -지상물과 그 주변 분위기보다 인구동태를 정밀하게 파악하는 게 최우선이다.

젊은 인구와 주거 및 고정인구가 잠재력의 큰 무기다. 커다란 재료인 것이다. 유동인구와 비경제활동인구와 단순한 관광인구 통해 지역 잠재력을 정독할 수는 없을 것이다.

'부동산의 내외부 구조'

부동산은 공간 확보가 중요하지만 그 영향력에 대한 관심도가
더 높다. 부동산은 내외부 구조에 대한 관심도가 높은 종목이다.
부동산은 인접 세력, 주변 세력에 집중하는 종목이다. 잠재력에
관한 기대감이 클 수밖에 없다. 내외부세력은 내외부 구조로 평가
하는 게 일반적.

토지의 경우, 외부구조는 현장감. 넓게 보지 않으면 안 되는 이
유다. 공간 확보하기 전의 모습이 땅 아닌가. 내부구조는 인구구
조와 인구상태를 의미한다. 서류와 개발청사진만 바라보지 말아
야 하는 연유다.

주택의 경우, 외부구조는 편익시설물 등을 의미한다. 내부구조

는 방 구조나 거실 구조 등 편협된 모형. 주택은 개발청사진과 조감도 등을 보고 매입하는 대상이 아니다. 입주 전에 모든 청사진을 본 상태이니까. 따로 나온 청사진이 무슨 대수랴. 물론, 입주 전에도 문제가 없었던 건 아니지만 말이다. 견본주택이 조감도와 같은 의미 아닌가.

주택은 개발완료지역에도 있지만 개발진행 및 계획 중인 곳에도 존재한다. 땅도 매한가지 입장이지만 그 성질은 다르다. 부동산 구조는 지상물 등 공간으로 평가할 수 있지만 시간으로도 평가하는 시대다. 다만, 시기가 불규칙적이고 불투명한 지경.

예) 전성기 - 발전기 - 위기 - 회복기 - 반전기 - 성장기 - 위기

'위기'가 반드시 온다는 사실을 명심하지 않으면 방심하기 십상.

그러나 부동산 주기가 불규칙적이다 보니 기대감이 크다. 고정적이다면 기대감은 작을 수밖에 없다. 반전이 곧 기회가 되기도 한다. 위기가 기회가 될 수 있기 때문이다. 부동산의 거품에 큰 거품과 작은 거품이 존재하는 것처럼 위기와 기회 역시 큰 위기와 작은 위기, 그리고 큰 기회와 작은 기회가 존재하는 것이다. 다만, 작은 기회조차 잡지 못한다면 내 자신이 바보가 될 수 있는 것이다. 작은 기회조차 잡지 못하는 우를 범하지 말지어다.

'역세권 부동산과 맹점'

역세권 부동산의 맹점은, 변수사안이 다양하다는 점이다. 맹점이 강점으로 돌변할 수 있다는 말이다. 역사 들어선(혹은 들어설) 땅과 역세권 아파트와 도시형생활주택의 특징은 환금성이 높은 경우와 낮은 경우가 동시에 발생할 수 있다는 것이다.

분양가에 거품 냄새가 풍기면 매수자는 고개를 돌리기 마련이다. 환금성 높은 역세권이 전격 환금성 낮은 지역으로 전락하는 것이다. 역세권 부동산의 특징은 거품의 심화, 비화일 거다. 큰 거품과 작은 거품으로 대별된다. 작은 거품에 들어가는 게 환금성 높이는 현명한 방도 중 하나라 본다. 역세권엔 반드시 거품이 들어가기 때문이다. 아무리 역 위치가 탁월해도 거품가격의 인상이 짙다면 희소가치가 마구 떨어지는 격. 격이 떨어져, 품격이 마구 떨어지는 통에 가격 경쟁력을 잃고 만다.

역사 변화의 4단계
1. 개발계획
2. 개발진행(착공)
3. 개발완료(완공)
4. 개발역사에 관한 2차 개발계획
　　(예. 실시계획 - 착공 및 완공 단계)

역세권 개발효과가 100% 나타날 수는 없다. 변수가 다양하게 발효되기 때문이다. 완성도 100%는 없는 법. 역 노선이 연장되는 예상밖의 변수도 종종 일어나지 않는가.
예) 인구폭증에 따라 각종 시설물 설치 - 크고 작은 도로가 대 표적 시설물

단, 인구변화현상이 일어나지 않는다면 완성단계에서 종식되고 말 것이다. 기대감 큰 4단계에서 모든 변수가 막을 내린다는 것이다. 전원도시로 자리매김하는 모양새다. 잠재력 포기를 의미한다.

'잠재력 높은 지역의 눈높이'

잠재력 높은 지역의 기준 - 개발의 끝이 없는 곳, 인구증가세가 멈추지 않는 곳, 개발의 완성+완료가 또 다른 시작의 발로

역세권이 대표적 잠재력의 표상. 의미 있는 곳이 역사 주변이다. 신도시 역시 잠재력의 표상이다. 신도시는 개발 성공을 보장하는 개발프로젝트. 그러나 역세권 개발은 다른 모형이다. 가끔 시행착오의 패악을 걷고 있으니 말이다. 그저 지나가는 역사 역할에 지나지 않는 경우가 의외로 많다.

괜찮은 위치의 부동산이 최상의 조건을 가진 부동산. 역시 부동산의 생명은 도로. 도로 위치가 바로 생명력 아니랴.

위치는 크게 두 가지로 점철된다.
1. 용도지역 위치
2. 지목의 위치

내 땅(농지, 농림지역) 주변이 도시지역으로 크게 분포되어 있
다면 희망적이다. 잠재력에 관한 기대감이 높아서다. 대지, 공장
용지, 주차장, 잡종지, 창고용지 등 다양한 지목으로 분포되어 있
다면 희망적이다. 잠재력을 기대할 수 있기 때문이다. 이러한 경
우라면 괜찮은 위치의 부동산인 법. 곧 괜찮은 땅 위치는 두 가지
로 대별되는 것이다.

1. 용도지역의 위치
2. 개발청사진 위치

개발청사진 없는 땅이라면 용도지역 위치에 집중하고, 개발청
사진 있는 땅이라면 용도지역과 상관없이 개발의 위치에 집중할
필요 있다.

'역세권만의 특별한 장점'

역세권 매력은 다양하다. 변수가 다양하다. 예상 밖의 일들이 벌어진다. 가격 변수 또한 다양해 기대감이 높다. 거리도 다양하다. 방향은 비교적 단순한 편. 출구가 한 곳인 경우도 다반사라서다. 업계에서 가장 저렴할 것 같은 곳의 역사를 선점한다면 최소 비용으로 시작할 수 있는 것이다. 일단 성공이다. 개발이 끝난 시점이면 2배 정도 수익을 창출할 수 있기 때문이다.

(경기도 광주시에 생기는) 쌍동역 인근(초월읍 일대)에 임야를 매수한 김모씨(49)도 역사에 투자해 적지않은 수익을 볼 참. 5년 전 평당(3.3제곱미터당) 35만 원에 매수해 현재가치는 더 높은 건

당연지사다. 역사 개통날짜가 다가올수록 기대감은 충만할 수밖에 없다. 인근 시세는 정해지지 않은 상태다. 지주들과 중개인들의 과욕이 발효되는 순간인 것이리라. 김씨도 욕심을 크게 부리는 입장이 아닐까. 역사에 관한 다양한 변수를 기대하는 입장이다.

여타의 모든 개발지역 모드는, 용도지역에 관한 변혁이다. 그러나 역사 주변은 특이한 성질을 지닌다. 용도가 바뀌거나 안 바뀌어도 가격상승폭을 정확하게 예상할 수 있는 사람은 아무도 없다. 용도가 변하지 않았지만 고정 및 유동인구가 다양하게 분출되는 경우도 있고 그 반대로 용도가 변했지만 인구가 태부족인 경우도 태반이다. 그러나 포기할 필요 없다. 미래를 고대한다. 역사의 변수를 자세하게 아는 이는 아무도 없기 때문이다. 현장감이 취약한 지경이라도 용도지역이 업데이트 된 상태라면 지구단위계획구역으로 지정된 마당에선 희망을 포기하는 일은 절대 없기 때문이다.

신도시 주변에 생기는 역사는 개발지역 중 가장 많은 변수가 발현하기 마련. 투자자가 몰려 거품의 온상이 일어날 수밖에 없다. 대형 거품보단 소형 태풍(거품)을 선택하는 게 매수자가 취할 수 있는 현명한 자세다. 역시 업계에서 가장 저렴하다고 생각되는 곳을 선점, 선정하는 게 우선이다. 업계에서 가장 저렴하다고 생각되는 곳을 선점하라는 것은, 부동산시장이나 지역부동산에서 제대로 가격을 견제+견지하기 힘들어서다.

역사 주변으로 생길 수 있는 나쁜 변수와 좋은 변수 - 큰 거품은 나쁜 변수이지만 작은 거품은 좋은 변수일 수 있다(작은 거품이라고 단정 짓기 힘든 상황이겠지만 말이다). 개발지역에 거품이 들어가는 건 당연한 이치 아니랴. 이를 인정하지 않겠다는 것은 투자를 절대 하지 않겠다는 용단. 외려 개발지역에 거품이 안 들어간다면 그것이 더 큰 문제일 수 있다. 예상 밖의 기현상이 아닐 수 없기 때문이다.

중요한 점은, 역사 주변으로 생기는 나쁜 변수보다 좋은 변수가 더 많을 수 있다는 점이다. 나쁜 변수는 큰 거품과 더불어, 인구부족현상이 거의 전부. 그러나 좋은 변수는 다양한 인구와 지상물, 시설물, 공작물 등의 등장이다. 출현이다. 역세권 범위가 길게, 혹은 넓게 분포된다면 역사 혁명이 일어나는 것이다. 간접역세권의 면적이 넓어지고, 그 모토가 다양할 수 있어 투자자와 더불어, 실수요자도 급증세일 수 있다.

예상할 수 없는 변수가 발현한다. 기대감이 크다. 역세권만의 특별한 장점을 공부하고 연구분석 하는 사람이 많을수록 역세권 투자성공자가 많아질 것이다. 직접역세권엔 투자자가, 간접역세권 지점엔 실수요자가 급증할 것이다. 젊은 자와 연만한 자가 한 곳에, 한 자리에 더불어 조화롭게 살 수 있는 공간이 진정 성공한 역사 공간인 것이리라.

● 땅 투자자가 알아야 할 4가지 품격

땅 투자자는 개발지역의 영향력을 잠재력으로 승화, 인지하려 노력하는 자이다. 땅 투자자가 알아야 할 4가지 품격은, 개발지역과의 시간+거리+방향 및 위치이다.

그 중요성의 순서는, '시간 〈 거리 〈 방향 〈 위치' 인 것이다.

범례) 역세권에서 내 부동산까지 도보로 몇 분 걸릴까. 역사와의 거리, 방향, 그리고 위치가 주요사안이다. 도보로 2분 거리(변별력이 낮다. 왜냐, 빠른 걸음이냐 느린 속도의 걸음이냐, 그 기준이 명확하지 않기 때문이다). 거리 표시(1km. 정확도 면에선 시간보다 높다). 방향(1번 출입구와 2번 출입구는 다르다. 출구 가치가 같을 수는 없다. 그 특성이 제각각일 수밖에 없기 때문이다). 위치(지상물 옆, 지상물 인접. 단, 지상물은 지역랜드마크이어야 한다).

역세권 과대포장에 주의하지 않으면 안 된다. 정확도 면에서 위치 표지(표치)가 가장 높다. 구체적, 구체화가 가능한 상태라서다.

'물의 도시(실수요공간)와 철의 도시(투자공간)의 특징'

대한민국을 대표하는 물의 도시는 양평이지만, 당진은 대한민국 대표 철의 도시다. 두 곳의 격차가 극명하게 드러난다. 물의 특성과 철의 특성은 절대 같을 수 없기 때문이다. 한 곳은 관광인구 흡수를, 또 한 곳은 고정인구(산업단지 존재성의 발로) 흡수를 고대하는 입장이다.

전체적인 잠재력 면에서 당진이 훨씬 낮다는 여론이 거세다. 경의중앙선은 완성된 작품이지만 서해선복선전철은 착공한 지 얼마 되지 않은 미완성물이기 때문일 수 있다. 개발이 완료된 상태보단 개발진행 중인 곳이 잠재력은 당연히 큰 법이다. 양평은 삶의 질에 투자하는 모형(물세, 산세 모두 세계 최고 수준이라 할 수 있다). 역이 완성된 상태에서 고정인구보단 유동인구가 더 많은 상황이라서다.

당진은 투자가치에 관한 기대심리가 크다. 역이 개발진행 중이라서다. 물의 도시인 양평은, 산의 도시이기도 하다(예. 추읍산). 철의 도시인 당진은, 항의 도시이기도 하다(평택 당진항 - 당진시와 서해대교로 연결. 그 기반시설은 화성시까지 확장).

두 지자체 인구차는 그다지 많지 않으나 추후 심하게 벌어지지 않을까 싶다. 하나는 관광도시요 또 한 곳은 산업도시 아니랴. 관광인구 보고 투자하는 것보다 고정인구 동향 따라 투자하는 게 안정적일 터. 가치가 더 높을 수 있기 때문이다. 노동인구(15~64세)가 유동인구을 압도한다.

두 지자체는 단지의 도시다.

양평 - 여러 각도의 다양한 전원주택단지(예술이 우선)
당진 - 여러 유형의 산업단지(기술이 우선적)

철은 고정인구를, 물은 유동인구를 유도할 수 있는 능력을 지닌 성분, 성질이 들어 있는 것이다. 철은 개발계획 및 진행의 재료

가 될 수 있지만 물은 곳에 따라 강을 대변하기도 한다. 물의 존재
는, 규제 대상. 보호 대상이다. 자연보호 대상인 것이다. 철의 존
재는, 개발 대상으로서 일자리를 보호한다. 고용창출효과를 기대
하는 이유다.

당진은 개발 대상으로, 사람 보호가 우선적으로 이루어지는 곳
이지만, 양평은 보존의 대상물이 인간이 아닌, 자연. 자연보호가
주를 이루는 곳이 양평이다. 그렇기 때문에 투자가치 면에서 당진
에 뒤진다고 볼 수밖에 없는 것이다. 보존의 대상물이 다양하여
인구분포도가 단순하다. 다양하지 못하다.

당진은 국가가 개발을 주도하는 입장이지만 양평은 지역이 주
체가 되어 개발을 하는 입장이다. 지역주민이 개발의 추(주)를 이
룬다. 예를 들어 전원주택단지를 조성하는 경우 개별적으로 지주
들이 화합하여 목적을 달성하려고 노력하는 것이다.

양평은 대자연의 도시로서 완성도가 높으나 당진은 산업단지
활성화에 대한 기대감이 크며 그 완성도가 낮은 편이다. 역 개발
효과를 바라는 입장이니까. 완성, 개발 이후 잠재성의 결과가 마
구 분출될 터이다.

양평은 대자연에 관한 잠재력이 몹시 높은 편(산림분포도는

73%). 서울면적의 1.45배 크기로 넓은 하드웨어를 가진 곳이 양평이다. 인구밀도가 낮다. 농가주택은 17%수준. 비경제활동인구는 20%안팎이다. 재정자립도와 재정자주도는 각기 20%와 66%를 유지하는 데, 재정자주도는 지방자치단체 재정수입 중 특정 목적이 정해지지 않는 일반 재원 비중을 말한다. 물의 도시 이미지와 달리, 사업체 수는 6,748개 업체. 고용인구는 24,847명으로 전체 인구 중 20% 수준이다. 규제로 인해 작은 부동산, 키 작은 부동산이 대부분이다. 물에 피해 주면 안 되기 때문이다. 물을 피해 개발하면 그만인 것이리라.

당진의 인구는 164,285명(2015.6기준)으로 양평보다 조금 더 많다. 현대제철과 현대하이스코의 합병과 더불어 서해선복선전철 사업이 본격화되면서 당진 잠재력은 커질 것이다. 실수요자와 투자자가 함께 움직일 수 있는 모토가 마련되는 것이다. 큰 기회다. 2012년 시승격 이후 인구유입성적이 비교적 양호한 편이다. 서해안선이 개통되면 준수도권 역할을 톡톡히 할 수도 있다. 인구유입효과를 적극적으로 바라는 이유다. 당진시는 2004년 이후 10년 연속 충남 내 최고 수준의 인구유입현상이 일어나고 있다.

이런 면에서 볼 때 양평은 은퇴인구(연만한 자)가 급증세이지만 당진은 젊은 도시로 각광 받을 게 분명하다.

'고수의 생각과 하수의 길'

고수는 부동산 성질에 민감한 반응을 보인다. 그러나 하수와 개미들은 분위기 따위에 약한 자. 군중심리 작용에 즉각 반응하여 실수를 자주 하곤 한다. 견본주택의 화려함과 다양함에 일시 매료되는 경우를 자주 본다. 계절적인 분위기에 민감하다. 봄에 기운을 잔뜩 얻어 매수욕이 발현. 묻지마 식 투자를 하곤 한다. 봄바람을 자주 맞는다. 봄을 맹신한다. 봄에 매료된다. 온기와 냉기, 냉온탕이 오가는 형식이다.

계절과 가격은 거반 정비례 관계. 봄과 가을에 가격 바람이 가장 강하다. 거세다. 거품에 매수하는 경향이 있다. 계절에 몹시 민감한 자가 하수다. 그들은 거품 수위를 구별할 수 없는 자이다. 가치와 가격을 구분할 수 없다. 가격으로 가치를 저울질 하는 경우도 있다. 가치에 집중하는 자가 고수라면 가격에 치중하는 자가 하수이기 때문이다. 수익성을 우선시 하는 하수 대비 고수는 안전성을 최우선으로 여긴다. 다짐한다. 괜찮다 싶은 가치, 즉 개발의 타당성을 제대로 검증할 수 있는 자가 고수다. 가치가 가격을 정한다는 사실을 진실로 적극 수용하는 자가 고수인 것이다.

그러나 하수는 그 반대다. 가격으로 가치를 만드는 입장이다. 비싼 땅이 무조건 좋다, 식이다. 싼 게 비지떡이라는 선입견을 갖는다. 가치의 사고에 집중하는 자가 고수다. 가격에 몹시 예민한 자가 하수다. 관리 능력 없는 자가 하수다. 보전관리 능력이 부재. 환금성 낮은 부동산으로 큰 혼란에 스스로 빠지곤 한다.

● 땅 가치와 집 가치는 상이

인구유입이 가능한 땅의 가치가 높은 건 기정사실. 인구가 다양한 채 꾸준한 증가세를 보인다면 가치가 계속 높아져 비싸기 마련. 투자가치가 높아진다.

인구가 적은 상태에서 감소세가 계속 이어진다면 가격은 저렴할 수밖에 없다. 인구감소세가 곧 실수요가치의 하락을 의미하는 건 아니다. 실수요 명목으로 부동산을 매수하는 경우는 환금성에 신경 쓸 필요 없기 때문이다. 인구와 무관한 까닭이다.

투자가 곧 사람. 사람 이동이다. 행정적이건 물리적이건 간에 말이다. 투자가치를 조율하게 된다면 아무래도 인구상태가 중요하기 때문이다. 투자자가 많은 지역이 아무래도 거래량이 늘기 마련이다. 분위기 따라, 군중심리작용에 따라 움직이는 자가 많은 상황 아니랴. 아파트건 상가건 신도시 분양사무실 주변엔 항시 이동복덕방과 개미들이 분위기를 한껏 높인다.

인구가 적은 상태에선 전원생활이 가능하나, 인구가 포화상태라면 도시생활과 진배없는 것. 전원생활을 무색케 한다. 친환경 모토가 사라져서다. 인구가 포화상태에선 가격거품만 심해지기 마련이다. 다양한 인구로 말미암아 사람에 의해, 즉 인위적인 거품현상을 막을 길 없는 것이리라. 주거시설은 인구상태에 민감할 필요 없다.

그러나 상업시설은 인구상태가 중요하다. 인구가 없다면 문닫을 수밖에 없기 때문이다. 주거 공간에선 인구가 적다고 이사하는 경우는 없을 것이다. 물론, 실수요 공간으로 응용하는 현명한 자에 한해서다.

'부동산 미래는 불투명하다 - 투자의 이유 중 하나'

부동산 '공법'은 비화, 점화 대상이다. 부동산 공법이 부동산 '과장법'으로 변질되는 사례가 많아서다. '과대포장'의 준말이 '과장'인 셈. 부동산 공법 상용 과정 중 공법을 비화 대상으로 삼을 수 있다는 것이다. 과대포장은 으레 존속하는 법. 왜? 미래를 포장하는 것이니까. 과거나 현재는 과대포장 대상이 될 수 없다.

투명성과 불투명성의 차이는 크다. 그러나 잠재성의 다른 표현법은 불투명성. 부동산과 사람은, 미래가 불투명하다는 공통점을 지닌다. 지능지수 높고 돈 많은 자가 잠재성이 높은 건 아니다. 미래는 불투명하니까. 건폐율과 용적률이 높다고 해서 반드시 잠재성이 높은 건 아니다. 역시 미래는 불투명한 상황 아니랴.

부동산 수명은 인간 수명에 훨씬 앞서고 부동산 역사 또한 인류 역사를 훨씬 뛰어넘는다. 잠재성 면에서 인간보단 부동산, 즉 대자연이 유리한 것이다. 부동산 성질에 모든 이가 관심 갖을 수 있는 것이다. 단순한 것 같지만 복잡하다.

500만원을 호가하는 명품핸드백을 단 몇 초 만에 5만원짜리로 전격 전락, 추락시킬 수 있으나, 5만원짜리 핸드백이 500만원으로 격상되는 일은 절대 일어날 수 없다. 면도칼 하나로 명품을 비명품으로 난도질 할 수 있기 때문이다.

그러나 부동산은 다른 모형. 2만원에 불과한 땅이 며칠 새 20만원 상당의 부가가치로 점화, 비화가 가능하다. 제주 지역 부동산이 지금 그 모양새.

고수와 하수의 차이는 크다. 고수는 부동산 성질 변화에 감탄하지만 하수는 가격 변동 사안 하나에 감탄하기 때문이다. 고수는 '발견'을 우선시 한다. 고수 입장에선 늘 발전과 반전은 추후 문제이기 때문이다. 즉 안전성을 수익성보다 최우선 순위에 올려놓는 것이다. 하수는 발전을 우선시하는 자. 안정성보단 수익성을 우선시한다. 발견은 늘 뒷전이다.

고수는 성공보단 성숙을 적극 바라나, 하수는 성공(수익성)에만 치중한다. 그래서 매사 조급하다. 여유가 부족한 것이다. 여유 공간이 없어 생각이 짧다. 시행착오를 쉽게 겪는 이유다.

'희소가치 높은 땅의 특징'

투자자 맘은 한결 같다. 존재가치보다 희소가치에 더 비중을 둘 수밖에 없다. 존재가치는 장기투자 모형이지만, 희소가치는 환금성 높은, 단기 성향이 강하기 때문이다.

희소가치 높은 땅의 특징

1. 거래량이 많아 가격이 높게 형성된다.
2. 개발지와의 거리가 짧으나 토지보상법이 우려된다. 사정거리 안에 들어선 땅이 그 대상이다.
3. 가수요자 뿐 아니라 실수요자의 움직임이 함께 발현하다 보니 접근성과 현장감이 빼어나다.

4. 젊은 인구가 노인인구보다 많고 그 수가 급증세다.

5. 산업 및 상업공간이 녹지공간 대비 넓은 편이다. 고정인구가 급증세다.

6. 결국, 희소가치 높은 땅을 선점한다는 건 수월치 않은 작업인 것이다.

궁극적으로, 희소성은 선정작업이 아닌, 선점작업이 선행되어야 하니까.

선택이 아닌, 선점의 형태가 되어야 희소가치가 진정 높은 것이다. 선택은 누구나 할 수 있는 덕목이지만 선점은 아무나 하는 게 아니다. 보는 눈높이가 다른 고수 몫이다.

요는, 가격이 비싸고 싸고를 따지기에 앞서, 우선적으로 희소성에 주안점을 두는 자세가 진정 투자자의 자세가 될 것이다. 희소성은 잠재성의 표상. 잠재가치가 높다면 반드시 가격은 높을 수밖에 없다. 시간이 흐를수록 가격은 뛰기 마련이다. 즉 희소가치는 시간과 직접적으로 관련 있는 것이다. 개발지 투자자 입장에선 빠르고 정확한 판단력이 필요한 것이다.

고수는 존재가치와 희소가치를 구분할 수 있지만 하수는 가격에만 집중한다. 군중심리에 약한 까닭이다. 가수요자와 실수요자 구분이 제대로 정립되지 않아 늘 분위기에 따라 움직인다. 개미군단은 하수다. 하수는 허수에 약한 존재다. 존재가치가 낮다. 부동

산에 관한 존재가치와 희소가치를 구분하지 못해 시장에서 늘 푸
대접을 받는 것이다. 실패율이 높다.

'성공한 역세권의 특질'

역세권에 투자해 실패한 경우가 있다. 위치 선정의 오류가 화근이 되어 발생한 것이다. 반대로, 성공한 경우는 어떠한가. 성공한 역세권은 인구가 폭발적으로 증가하는 상태로서 한 지역의 희망으로 떠오른다. 탁월한 위치 선정으로 말미암마 지역의 랜드마크로 격상, 급부상되는 사례도 비일비재하다.

산악오지에서의 역사 모습도 의외로 많은 편이다. 불안한 상태다. 인구가 늘어날 수 없는 구도이기 때문이다. 관광인프라 구축이 개발모토의 전부가 되다 보니 불안정적일 수밖에 없는 것이다.

양평의 일부구간을 보면 휴양 및 전원도시 위상이 높고 그 외적인 면은 불안해 보인다. 양평엔 역만 총8개. 전체인구 대비 결코 적은 수는 아니다. 많은 역사 구간이 존재하는데도 인구증가세는 기대에 미치지 못한다. 휴양 용도로 상용하는 게 현실이다 보니 그런 것 아니랴. 일부 부유층의 실수요공간으로 사용하다 보니 투자가치보단 휴양용 실수요가치가 높은 지역이 양평인 것이다. 물 앞의 역사 모습은 아름답다. 산악오지 역사 모형과 그 의미가 별다를 바 없다.

성공한 수도권 역사의 공통된 모습은 무엇인가. 고정인구가 다양하고 유동인구 구조도 다양한 편이라는 점이다. 특히 젊은 인구가 급증세다. 외부에서도 유입이 가능한 지경이다. 유입되는 젊은 인구가 지역의 희망 역할을 하는 것이다. 산업인구가 발현하는 것이다. 교통흐름도가 뛰어나다 보니 유동인구 수가 고정인구 수를 압도하는 경우의 수도 생길 수 있다. 이러한 현상이 지속되다 보니 상가용빌딩의 공실률이 낮고 고정인구도 날로 증가하는 것이다.

반면, 실패한 역사는 오로지 유동인구의 증가세에 의존하는 형태를 유지한다. 불안하다. 계절 따라 이동하는 인구가 상이하다 보니 예상할 수 없는 상황이다.

역사의 위치가 곧 입지다. 입지가 곧 접근성. 접근성은 철도와 도로 형태와 그 질적 가치(의 모드)에 따라 그 범위와 영향력이 발현하는 것이다.

비어 있는 역사 공간은 지역 흉물. 꽉 찬 역사 공간은 지역 보물로 지역의 랜드마크로 손색 없을 것이다. 단지, '인구〉지상물'이라는 부등호에 상응하지 않으면 절대 안 된다. 아무래도 역사 주변으로 화려한 건물로 꽉 찬 상태보단 역사 주변이 젊고 성성한 고정인구(생산 가능한 노동인구, 경제활동인구)로 꽉 찬 상태가 안정적이고 실용적이지 않으랴.

● 역 개발지 투자 시 주의할 점

역사 개발지역에 투자할 때 주의할 점은, 역시 수용대상인지, 거품가격인지 잘 알아보지 않으면 안 된다는 점이다. 수용여부는 지자체에서 알아볼 수 있지만 거품수위는 지자체서 알아볼 수 없다. 중개업소에서도 알아낼 수 없다. 뒤죽박죽이기 때문이다. 거품수준 알아보는 과정에서 온갖 잡음이 들어가기 쉽다. 부정확할 수밖에 없는 것이다.

그렇기 때문에 거품의 종류를 판별할 수 있는 능력이 필요하다. 큰 거품과 작은 거품 중 작은 거품을 발견하여 거기에 집중하는 습관이 필요하다. 작은 거품에 관한 기준이 있다. 인근 시세 대비 터무니 없이 비싸다면 큰 거품의 온상.

그렇다면 인근 시세 대비 저렴하다면 작은 거품일까. 필자 생각엔, 인근 시세 대비 저렴한 역사 개발지는 없다고 본다. 그렇기 때문에 업계에서(컨설팅회사들) 가장 저렴하다고 느껴질 때 투자를 결정하는 게 좋지 않을까 여겨진다.

그 기준에 대해서도 잘 알아야 한다. 수용대상지를 거품가격에 판매하고 있는지, 수용 범위와 무관하나 큰 거품의 온상인지, 잘 구분해야 한다.

역세권 부동산의 특징 - 환금성이 높다. 거품가격이지만 거래량이 많은 편. 실수요자보다 가수요자가 훨씬 많아 호가형성과정이 비교적 빠르다. 빠른 속도로 달려가는 가격구도를 잡기 쉽지 않다. 선점이 중요한 이유다.

사람이 집중적으로 몰리나, 한계는 존재하는 법. 거품 없는 역사 개발지역은 없다. 개발지역인데도 거품현상이 일어나지 않는다면 그것도 큰 문제다. 제대로 된 가격(예. 작은 거품)과 접하고 싶다면 지역부동산업소를 들러보기보단 차라리 컨설팅회사들을 둘러보는 게 낫겠다 싶다. 그 이유는 분양가 알아보기가 비교적 쉽기 때문이다. 지역부동산 중개업소보다 정확할 수 있다. 지역부동산 중개업소에서 알아보는 과정은 힘들다. 조석으로 그 가격이 바뀌는 경우도 태반이기 때문. 같은 물건을 전화상으로 물어보면 조석으로 바뀐다. 방문해서 알아보면 그런 행동을 할 수 없으나 전화상으로는 그런 웃지 못할 해프닝이 자주 벌어진다. (역사 개발지에서의) 작은 거품과의 조우현상은 부동산의 희소가치와 연관있다. 개발에 관한 희소가치도 중요하지만 가격에 관한 희소성도 무시하면 안 된다.

'힘을 필요로 하는 투자의 길'

투자는 힘을 필요로 하는 덕목. 정보력과 판단력과 변별력(판단기준, 판단력과 연계), 그리고 결단력을 필요로 한다. 알찬 정보력이 필요하다. 정확한 정보인지 바른 판단력과 변별력이 요구된다. 궁극적으로는 결단력이 필요하다. 많은 부분의 지식을 습득, 채득했다고 해서 모두가 투자자가 될 수는 없다. 투자의 길을 걷는 사람보다 그 반대 입장에 놓인 사람이 훨씬 많은 이유다. 이는 빈자가 부자보다 훨씬 많은 이유가 될 법하다.

수많은 정보와 소식들이 인터넷에 마구 떠돌아다니고 있다. 부정확한, 과장된 말들이 미사여구와 교언영색, 감언이설을 총동원하여 문외한의 귀를 자극한다. 투자자가 쉽게 결단 내릴 수 없는 지경에 이른다.

변수 많은 게 부동산 세계. 정부와 국가도 예상할 수 없는 게 부동산 시장이다. 예비투자자가 갖추어야 할 점은, 바른 판단력이다. 강한 판단력은 수많은 정신적 시행착오와 연구 및 분석과정을 통해 얻을 수 있는 정신적 자산이자 산물인 것이다. 갈수록 풍부한 부동산 지식을 보유한 사람이 늘고 있다. 거반 전문가 수준이다. 아니, 전문가라고 착각하기 일쑤다. 핵심사안을 집중 연구 분석해야 하지만, 엉뚱한 곳에서 헤매기 일쑤다. 완벽한 부동산을 모색하려는 오판에서 빚어진 결과다. 완벽한 부동산을 모색하려는 의지가 너무 세다. 맹점 분석 과정이 필요한 데 말이다.

완전한 부동산은 존재할 수 없지만 불완전한, 즉 맹점 많은 부동산이 훨씬 많은 형국 아니랴. 착각하는 사람이 많다. 지식은 풍족하나, 오판하기 십상이다. 지식으로는 역부족이니까. 지식보단 지혜가 필요하다. 지식은 지극히 사소하고 편협적이지만(일방적이다) 지혜는 모든 부분을 수용할 수 있는 힘을 지닌 덕목(도량) 아니랴. 오랫동안 지식을 습득하다 보면 지혜가 산출, 분출되기 마련. 기초가 중요한 까닭이다.

오랫동안 부동산 공부를 했지만 지혜가 부족한 상태라면 제대로 된 공부를 하지 못했다는 증거다. 부동산의 안전성을 공부하기보단, 부동산의 수익성에 관한 공부만 한다면(편파적) 소모전인 것이다. 시간 낭비다. 헛수고다.

부자는 일을 위해 살고, 서민들은 돈을 위해 산다. 부자는 하늘을 보고 살고, 빈자는 땅을 보고 산다. 한숨 쉰다. 높은 하늘은 높은 잠재력의 표상. 부자의 넓고 높은 시야가 드디어 빛을 발산하는 것이리라.

부동산의 지식은 진정한 지식이 아닌 법. 지혜 수위가 결단력을 발효하는 것이니까. 하잘 것 없는 지식으로는 투자 못한다. 부자는 색다른 모형의 일을 모색하는 입장이지만, 빈자는 색다른 돈을 모색하는 자이다. 환영을 보곤 한다. 빈자 입장에선 부자들의 바른 판단력과 그에 따른 빠른 결단력을 적극 수용하는 습관이 필요하다고 본다.

'심리전에 강한 자'

고수와 하수의 구별법은 어렵지 않다. 하수는 분위기 따라 생각이 이동하지만, 고수는 땅의 성질, 부동산 본질 따라 사고가 이동하기 때문이다. 하수는 허수에 민감하고 고수는 변수에 민감한 자이다. 하수는 주변 사람들 입에 귀 기울이지만 고수는 전문가 입에 민감하다. 즉 하수는 친구나 지인들(비전문가)과 부동산 투자에 대해 상의하지만(비전문가들의 조언을 경청한다), 고수는 각 분야 전문가들로부터(예. 공인중개사, 변호사, 법무사, 세무사 등을 다양하게 활용한다) 조언을 듣는다. 그들 조언을 경청하려든다. 그들의 말들을 종합적으로 검토한 후(참고) 매수 결정은 본인이 직접한다. 단, 투자 목적으로 움직이는 자와 달리, 실수요자는 공무원과 상의한다(예. 세무담당공무원, 토지이용 담당공무원).

결국, 하수는 심리전에 약하지만 고수는 심리전에 강한 것이다. 하수는 소모전을 한다. 소강세와 관망세를 따를 수밖에 없다. 고수는 심리전에 강해 소신껏 움직인다. 날씨 탓을 하지 않는다. 외부변수보단 내부변수로 움직인다. 군중심리작용과 무관하다. 정신력이 강하다. 외부 바람에 미동조차 하지 않는다. 하수는 미풍에도 맘 흔들린다. 견본주택 앞에서 떴다방과 상담 중이다. 고수는 떴다방과 말 섞지 않는다.

'집 매수시 유념할 점과 땅 투자시 유념할 점'

부동산 매입은 모색하는 일이다. 모색 과정이다. 찾는 작업이 부동산 매입인 것이다.

집은 보이는 것(=현재)을 찾는 재화지만 땅은 눈에 보이지 않는 것(미래)을 찾는 것이다.

집 매수시 유념할 점 - 외모(외형. 단, 형식이 아닌)에 집중(보이는 점). 편익성에 의존하는 형태이므로.

땅 투자시 유념할 점 - 보이지 않는 점에 집중한다. 보이지 않는 점을 모색한다. 잠재성은 시각적으로 볼 수 없기 때문이다. 땅은 미래의 표상 아니랴. 미래의 얼굴 표정이 땅의 모형인 것이다. 그렇지만 집은 현재의 표현, 현재상황을 노출하는 입장.

집에 대하여 예측행위를 한다면 그건 사치스런 행위에 불과하지만, 땅에 대하여 예측행위를 과감히 한다면 그건 필수덕목으로 환영할 만한 일이다. 집은 개발에 둔감한 입장. 완성물이자 지상물, 결과물이라는 닉네임이 항시 따라다니기 때문이다. 변수가 극히 적은 편이다. 변수는 재개발 정도이기 때문이다. 땅은 개발에 민감한 재화다. 미완성물(항시 과정 중에 놓인 재화)이기 때문에 변수사안이 많다. 변수는 다양한 개발재료이기 때문이다. 땅은 잠재성과 환금성을 최고의 덕목으로 꼽지만 집은 잠재성이나 환금성보단 편익성을 따진다. 현재를 매입하는 과정일 테니까.

하수와 고수 차이는, 집 매수와 땅 투자시 확연히 그 정황이 드러난다. 하수는 땅투자를 마치 집 매수하듯 하기 때문이다. 착각을, 오류를 쉽게 범해 실패확률이 높은 것이다.

'집값 오르는 경우보다 땅값 오르는 경우가 더 많은 이유'

집 구도와 땅 구도는 확연한 차이점을 보인다.

예1) 50층짜리 주상복합아파트가 들어서면 인근 1층짜리 오래된 구옥의 가치와 가격은 마구 떨어진다.

예2) 내 땅(생지) 옆에 1층짜리 주택이 생기면 내 땅 가치는 높아질 수 있다. 달라진다. 부동산 구도를 다시 그릴 수 있는 기회(공간)가 발현할 상황 아니랴. 주거인구와 인근의 땅값은 연계된다.

농지 옆에 대지, 창고용지, 공장용지 등 새 지목이 생기면 농지가치가 달라진다. 달라질 수 있다. 부동산의 연계 및 인접성의 가치는 무궁무진, 무한대다. 땅 가치가 변할 수 있다.

집 가치는 외형에 따라 달라지지만, 땅은 그만의 속성과 주변 분위기에 의해 확연히 달라질 수 있는 것이다.

집 - 겉치레에 의존한다. 완성물이므로. 아주 잘 보인다.

땅 - 속치레 기준. 미완성물이기 때문이다. 보이지 않는다.

집값 오르는 경우보다 땅값 오르는 경우가 더 많은 이유다. 미완성물이 완성물로 변환되는 과정을 잠재성의 발로라고 한다.

주상복합아파트 옆 단독주택들은 가치가 하락세를 그리기 십상이다. 가치가 높아질 수 없는 것은, 비교 대상이기 때문. 아니, 비교조차 할 수 없는, 경쟁조차 할 공간 없는 상황이다. 차별화가 빠르게 진행되는 바람에 사람들 관심도가 높아지는 새 부동산에 비해 헌 부동산은 애물 취급 받는다. 애초 미스매치이기 때문에 한쪽(새 지상물)에만 관심도가 높은 것이다.

용적률 높은 집과 용적률 낮은 집이 공존할 때 상품가치는 용적률 낮은 집이 마구 추락하나, 땅은 다르다. 용적률 높은 땅과 낮은 땅이 공존할 때 용적률 낮은 땅은 부동산의 연계 및 인접성의 성질을 빼닮아가기 때문에 가치가 높아질 수 있다는 희망과 기대감을 갖을 수 있는 상황인 것이다. 그런 구조가 이어진다. 인접 영향으로 가치가 상승곡선을 탈 수 있는 것이다. 땅은 집과 달리, 상품의 질로 승부를 걸지 않는다. 즉 눈에 보이는 것만으로는 가치

판단을 하지 않는다. 대신 미래가치로 승부를 거는 것이다.

　집 살 때 눈여겨 볼 사안 - 편익 및 혐오시설, 녹지공간 확보여부, 그리고 인구의 질적가치 가늠(현장의 중요성을 높일 필요 있다). 유동인구의 질보다 주거인구의 질이 더 중요하다. 현장감보다 접근성을 우선시 한다. 삶의 질이 투자가치를 압도하는 상황이기 때문이다. 미분양과 공실여부 등에 집착할 필요 없다. 투자가치보다 삶의 질에 집중할 필요 있기 때문이다.

　땅 살 때 눈여겨 볼 사안 - 현장(현재)보단 미래(청사진, 조감도)에 집중한다. 서류 등 공부가 중요하기 때문이다. 현장에서 볼 사안은, 인구상태다. 지상물 공실현상 상황을 간파하지 않으면 안 되기 때문이다.

　빌딩 살 때 눈여겨 볼 사안 - 인구의 질을 따진다. 수익형부동산 중 대표적인 것이 빌딩 아니랴. 임차인의 질이 떨어진다면 빌딩가치가 마구 떨어질 수도 있다. 물리적인 피해와 물질적(경제적) 피해가 문제로 비화된다.

　그러나 인근의 생지들은 빌딩에 직간접 영향을 받아 가격이 하락하는 경우의 수는 일어나지 않는다. 생지의 특징 때문이다. 생지 자체로는 변화가 힘들지만 인근의 작은 변화에 미동한다. 즉 생지 입장에선 인근의 부동산이 가격 올리는 이유(이슈), 재료가 될 수 있는 것이다.

'규제 강도와 종류'

하수와 개미들은 규제 공부를 하지 않는다. 규제에 들어선 땅이 무조건 개발이 안 되고 매력 없다는 선입견 때문이다. 그러나 고수는 규제의 강도와 종류를 스스로, 수시로 공부하고 연구한다. 특히 규제의 종류에 집중한다. 자연보존가치가 높은 규제가 있는가 하면, 난개발에 의해 단기 규제에 접어든 경우도 있는 법(예. 토지거래허가구역 지정, 개발행위허가제한지역).

그리고 인구폭증(과정)에 따른 규제가 가해지는 것이다(난개발이 우려되는 상황). 거품과 투기붐이 함께 불어 관심 대상이다. 국토부 투기단속반이 진입하여 단속한다. 그러나 완결이 아닌 늘 미결 상태. 하나마나다. 소모전이기 때문이다. 투자자들이 투자공간 (공간이 넓은 틈새)을 맘껏 활용할 수 있는 이유다. 투자를 맘껏 할 수 있는 것이다.

사람들이 몰리면 규제 대상에 오르기 마련. 당연한 이치다. 규제가 두려움의 대상이 아닌 이유다. 반길 만한 규제는 규제 강도가 매우 낮다. 단기적인 규제에 들어가기 때문이다. 일정기간이 지나 규제가 풀리면 또 다른 모형으로 가격모드가 형성되기에 희망적이다. 반전 기회가 찾아오는 것이기 때문이다. 규제기간이 연장되는 경우도 있으나, 이 역시 긍정적인 평가를 받는다. 규제 연장의 의미는 해당지역에 이슈거리가 다양하다는 뜻이니까. 이슈거리가 단발성이 아닌 지속성을 지닌 상황이라 희망적이고 긍정적 평가를 맞는다. 받는다.

그러나 억압(규제)이 풀린다고 해서 당장 폭등하는 일은 극히 드문 현상. 과거 대비 부동산에 관한 내성이 강한 탓일 거다. 해제와 규제의 악순환의 반복현상이 시장에 미치는 영향력이 미약한 것이다. 부동산에 관한 불감증과 소강세가 다반사다. 자연보호의 규제와 사람보호의 규제로 구분하는 것 같지만 본질적으로 본다면, 사람보호를 위한 규제가 거반 이상인 법. 규제에 대해 거부감을 크게 가질 필요 없는 이유다. 사람이 집중 몰리면 규제가 가해지지만, 사람 없는 곳은 규제를 가할 리 만무.

하나, 단기규제 대신 장기규제사안에 몰빵(예민)하기 마련. 상수원보호구역은 대표적 자연보호 규제사안(물없는 곳 있으랴. 물 없이 인간이 단 한순간 살 수 있으랴. 산의 의미와 다른 법. 산은 추상적이지만 물은 구체적이다). 토지거래허가구역은 그 반대 입장.

규제는, 영원한 연구 대상이다. 규제 없는 부동산은 존속이 불가능하기 때문이다. 사람이 있든 없든 규제는 가해지나, 사람이 적거나 없는 곳도 규제가 가해질 수 있는 게 현실이다.

고수는 규제를 두려워 하지 않으나 하수는 두려워 한다. 규제의 성질을 모르는 하수는 규제에 대하여 아예 쳐다볼 생각조차 하지 않는 자이기 때문이다.

'고수가 빛날 수 있는 이유'

약육강식의 부동산 세계는 동물의 세계와 진배 없다. 강자가 곧 승자다. 고수다. 약자는 개미다. 하수다. 적자생존의 부동산 세계엔 최종적으로 고수만 살아남는다. 웃는다. 사고의 차이가 여전히 극심하다.

고수 - '자각' 하는 자

하수 - '착각' 하는 자

자극에 약한 자가 하수지만 자극에 강한 자가 고수다.

공부만 하는 자 - 하수(보는 눈이 작아질 수밖에 없다)

깨닫는 자 - 고수(연구분석 하는 자)
시각으로 움직이려는 자 - 하수
감각으로 움직이는 자 - 고수

눈으로 투자하는 자가 하수, 가슴으로 움직이는 자가 고수다. 고수가 길을 보고 움직일 때 하수는 빛(색)에 연연한다.

그림(사진) 보고 투자 - 하수의 행동(과거를 보고 투자한다)
사실(현실)을 보고 투자 - 고수

고수는 하수를 이용하지만 하수는 고수의 오랜 먹잇감에 불과하다. 투자공간엔 하수와 고수가 함께 공존한다. 실수요 공간엔 하수와 고수 구분이 없이 함께 뒹군다. 투자는 환금성을 필요로 하고 실수요는 환금성을 필요로 하지 않기 때문이다. 수익성과 환금성은 동일수위. 투자공간에서 한숨과 한탄의 목소리가 크게 들릴 수밖에 없는 이유다.

● 부동산에 관한 단합과 담합행위

부동산 가치를 가일층 끌어올릴 수 있는 터전+모토는 부동산에 대한 가격담합행위가 아닐 거다. 가치를 올리는 힘은 부동산

부가가치 및 희소가치에 대한 단합일 것이기 때문이다. 프로와 아마의 차이가 확연히 드러난다. 과정과 가치를 소중히 여기는 자가 진정한 프로다. 결과 즉, 가격 결과(수익률)에 집착하는 자는 아마일 터이니까.

부동산 가격은 개발과 대조적 구조를 가진다. 개발은 인위적 요소가 들어있지만 가격형성과정은 자연적이기 때문이다. 가치와 별개로, 가격형성이 인위적이라면 거품과 담합행위를 수반하기 마련. 개발, 즉 가치가 가격을 형성하는 것이지, 가격이 가치, 즉 개발구도를 그릴 수 없을 테니까.

결국, 개발은 가치를 의미할 것이지만, 가격은 가치와 똑같을 수는 없는 것이다. 정비례 안 할 수는 없지만 말이다. 문제는, 맹점은, 가격과 가치를 거반 동일시 취급하는 경우가 의외로 많다는 것이다. 선무당이, 아마추어(문외한)가 사람 잡는 경우의 수도 있다는 게 문제다.

'기분, 기본에 따라 움직이는 하수와 고수'

부동산 하수는 기분(분위기)에 따라 움직인다. 기습적인 사고와 즉흥적인 맘이 다분하다. 아파트 견본주택 주위를 서성거리며 군중심리에 쉽게 노출, 허수에 민망할 정도로 몹시 민감하다. 고수는 기본(안정구도)에 따라 이동한다. 기술적인 요인이 다분하다. 실수(實數)에 민감하다.

하수가 개미라면 고수는 부자일 터. 고수는 철칙과 철학을 보유 중이지만 하수는 원칙과 규칙 외의 특이한 요소가 부족하기 때문이다. 부동산 노하우에 예민한 고수가 있다면 고수 주변에서 부화뇌동 하는 하수가 있는 법. 동물의 세계와 다를 바 없다. 철저한

약육강식 구도를 바란다. 힘 있는 정보와 힘 없는 정보로 대별된다. 뉴스에 예민한 하수 대비 고수는 귀가 두껍다. 철저한 자기 주관과 노하우가 있기 때문이다.

고수가 부자일 수 있는 것은, 발빠른 변별력과 판단력이 있기 때문인데, 개발청사진이나 정보의 타당성과 당위성을 자기 것으로 승화 시키는 기술적인 면이 하수 대비 몹시 강한 것 같다. 급소 모색을 정확하게 하는 고수는 소모전따위를 하지 않는다.

하수는 엉뚱한 곳에서 시간낭비를 한다. 개발청사진의 보편타당성에 매진하는 고수가 있는가 하면, 가격 깎는데 시간을 허비하는 개미도 있는 것이다. 하수는 전진하는 방법밖에 모르는 것 같다. 위험요소는 앞에 없기 때문이다. 눈에 보이지 않는 뒤통수에 위험요소가 있는 법. 고수는 후진방법도 안다. 그만큼 투자 중에도 여유를 가지고 움직인다는 증거다. 하수는 부동산 고수와 하수의 차이점을 잘 알지 못하는 맹점을 지닌 자이다.

그러나 고수는 그 차이점을 명약관화하게 알고 있는 것이다. 가장 큰 문제점은, 자신이 하수인지 제대로 인지하지 못하는 것이다. 고수라고 떠든다. 행동은 여지 없는 하수인데 말이다. 말만 고수지 행동은 하수다. 언행불일치다.

● 부동산을 움직이는 7가지 힘과 성격

　부동산은 동산화 과정을 거칠게 거칠기 마련이다. 경과(과정) 없는 결과는 어느 순간에도 발생할 수 없는 것이다. 그러나 그걸 바라는 자는 하수나 개미다. 투자하기 힘든 경우인 것이다. 부동산을 움직이는 사람은 가수요자다. 실수요자 힘으로 움직일 것이라는 사고는 무리다. 부동산을 인생역전용으로 상용하는 우리나라가 여전히 부동산후진국이라는 방증이다.

　돈 많은 자들의 힘이 크다. 그들을 무시하면 무시 당할 수 있다. 일방적으로 말이다. 주식시장의 기관투자자나 외국인투자자가 부동산 시장에서는 복부인 연맹이다. 가수요자가 떴다방들을 동원하여 5일장, 7일장을 연다. 토사구팽이다. 단물 먹고 떠난다. 짠물이다. 쓴맛 보는 자는 늘 정해진 상태. 평소 그들을 개미군단이 추종한 결과다. 그들에겐 그들이 인생 멘토다. 투자 멘토다. 부자들의 좋은 먹잇감이 될 수밖에 없다. 힘 있는 자와 힘 없는 자가 함께 춤추는 곳이 주식시장이요 부동산시장이다. 하수들의 충동구매를 누가 막을 수 있는가.

　동시다발적으로 힘 있는 자와 힘 없는 자가 움직인다. 헷갈린다. 힘 없는 자도 힘 있어 보이기도 해서다. 대출로 아파트 매수를 하는데 단돈7천 만원에 5억원을 호가하는 아파트를 당장 계약할 수 있다는 광고를 대대적으로 하는 건설사와 시행사가 있다. 이 때의 가수요자는 힘 있어 보인다. 일단.

　힘 있는 자와 힘 없는 자 간의 계속된, 동시다발적인 행동반경에 의해 부동산은 지금도 동산화 과정을 바쁘게 거칠게 거치는 것 아닌가. 부동산은 힘이다. 정보력, 경제력, 생산력, 경쟁력, 잠재력, 순발력+지구력(+인내력)의 발현이 바로 그것이리라.

　결국, 잠재력 하나로 투자전선에 쉽게 빠져드는 것 아니랴. 힘은 성질의 모토. 잠재성, 유동성, 다양성을 동반한다. 안전성은 잠재성의 발로다. 희망과 소망을 잠재성에서 찾기 때문이다. 투자의 이유다. 진흙탕 싸움에서 살아남는 길은, 부동산의 성질과 힘에서 그 답을 모색하려는 사고일 터. 괜찮다 싶은 개발청사진, 조감도 따위도 부동산 고유의 힘과 성질에 의해 발현, 발전, 반전하는 것 아닌가.

　머리가 좋아 투자에 성공하는 것은 아닐 거다. 지능지수(지식수준)보단 예능지수(지혜수위)가 높아야 하는 법. 예능지수는 감성지수로 요약된다. 재주와 기능이 정밀하지 않으면 안 된다는 것이다. 예능지수가 뛰어나지 않으면 올바른 투자를 할 수 없다고 본다.

'고수가 노리는 수와 하수가 노릴 수 있는 수'

고수는 타이밍보다 투자처에 집중력을 보인다. 하수는 그 반대. 가는 길이 극과 극이다. 투자처가 확실하다면, 괜찮은 개발 위치라면 시간은 유명무실하기 때문이다. 투자 타이밍과 무관하다. 장소, 투자처가 시간을 분출하는 구조이니까. '개발계획'이 중요하지, 개발기간 따위에 관심 있는 사람은 별로 없다. 우선은, 가격 상승세에 관심 있기 때문.

투자지역 등이 투자시기를 만든다. 잠재력 높은 투자처는 시간과 무관하게 묵묵히 땅의 에너지를 발산한다.

예) 역사완료지역

다른 모형의 개발 모토가 존속하기 때문이다. 변수작용을 기대하는 곳이 역사 개발지역. (언론 등을 통해) 투자시기라고 말하는 사람들이 몰리는 곳 가봐라. 고수는 없고 문외한이나 개미들로 공간이 가득 채워져 있을 것이다. 허수라는 사실을 이미 인지한 고수가 그곳에 있을 리 만무하다.

결국, 성공투자를 위해선 장소(공간)가 시간보다 우월한 입장인 것이다. 단, 실수요자는 시간보단 공간의 활용 및 편익시설물에 집중한다. 시간의 위치보다 장소의 위치가 더 중요한 것이다.

부동산은 잠재력의 표상. 시간이 답일 수 있으나 시간보다 장소 좋은 위치는 여러 모형의 또 다른 시간을 분만, 분양하니까. 시간이 장소의 상황과 분위기를 발전, 변화시킬 수도 있지만 막연한 기대감이 될 공산이 있어 불안하다. 결국, 장소의 변화, 즉 개발과 재개발, 리모델링 등에 주안점을 두는 것이 이롭지 않나 싶다. 시간은 회복 대상이 절대 될 수 없지만 장소는 회복 대상이지 않을까(예. 재건축 과정).

시간이 많이 지나 낡아버린 장소의 부동산은 회복이 가능하다. 시간 회복은 불가능하지만 말이다. 투자의 시간은 한정적이나, 투자의 장소는 다양하다. 시간은 순간적이나, 장소는 그 반대 입장. 개발시기 못지않게 개발장소와 위치도 중요 덕목 중 하나이지 않을까.

● 땅 고수와 하수의 차이점

고수는 땅의 타당성과 필요성을 감지하지만 하수는 화려함과 다양함에 집착한다. 즉 고수가 속치레에 집중할 때 하수는 겉치레에 크게 연연하는 것이리라. 땅 고수는 미래 위치를 보지만 하수는 물건 위치를 쳐다본다. 물건에 시선 집중한다.

고수는 현재와 미래 위치를 본다. 하수는 현재 위치만 본다. 마치 실수요 목적으로 보듯 말이다. 물건에만 집중하는 이유다. 고수가 현재를 미래와 함께 견지하는 이유는, 미래의 재료가 현재이기 때문이다.

개발지 땅의 특징은 거품의 심화. 이 때 고수는 역시 큰 거품보다 작은 거품에 집중한다. 어차피 거품현상 없는 개발지가 존재할 수 없다는 사실을 익히 알고 있지 않은가. 하수는 거품의 두 종류를 분간할 수 없어 얼씬도 못한다. 고수가 가격 알아보는 방법은 무엇일까. 그 방법은 그다지 화려하지 않다. 지역부동산에서 시세 알아보기 힘들다는 사실을 잘 알고 있다 보니, 다른 방도를 취한다. 역시 업계에서 알아본다. 수많은 컨설팅회사를 선용하는 입장. 많은 발품을 판다. 소모전 안 하는 방도 중 하나다. 지역부동산에 가봤자 헛물을 켜내는 것. 지역부동산업자들은 담합행위에 앞서 그 선을 애매모호하게 정해 가격의 정확도가 낮기 때문이다.

매수예정자가 부동산전문가에게 질문하는 사안은 둘로 점철된다.

1. 부동산 공법, 공시법, 세법 등에 관한 질문 - 상수(고정적)에 해당하며 잡다한 경험은 불필요한 상황. 실수요 노하우가 필요한 상황이니까. 정답이 존재하여 규칙만 따르면 실수할 수 없다. 만약 실수를 한다면 그건 변칙이나 반칙을 한 경우이겠다. 규칙을 위반했기 때문에 실수하는 것이다.
2. 미래예측에 관한 질문 - 변수(융통성, 유동적)에 해당하여 경험이 꼭 필요하다. 투자 노하우가 필요하기 때문이다. 해답을 필요로 한다. 정답이 존재할 수 없기 때문이다. 규칙이 없는 상태라 법칙도 존재할 수 없는 지경이다. 해답만이, 자신만의 왕도와 철학이 필요한 이유다. 물론, 철학과 철칙은 확연히 다를 수 있는 법.

'불경기와 계절(의 분위기)'

분위기가 위기로 곤두박질+추락한 경우를 보고 우리는 불경기라고 말한다. 부동산은 분위기와의 싸움이라고 말할 수 있다. 심리전도 마다하지 않는다. 치열한 지경이다. 고도의 장기 소강전을 펼치는 예도 흔한 경우. 불경기는 부동산 거래량에 적신호가 켜져 문제를 일으키는 주범처럼 보이나, 실은 분위기에 약한 매수자들이 계절, 날씨 탓에 의해 수동적인 면을 감출 수 없기 때문에 거래량에 빨간불이 켜지지 않나 싶다.

변해버린 날씨 특질과 그 분위기가 부동산 거래 동향마저 바꿔놓지 않나 싶다. 날씨 변화가 과거 주기와 사뭇 다른 양상을 보인다. 봄가을이 유독 짧아진 대신 여름과 겨울은 길어졌다. 특히 여름철은 지루할 정도로 길어진 것 같다. 늦더위가 투자 욕구를 사멸시킨다. 그런 예도 있는 게 사실이다. 봄가을은 이사철이라는 이미지가 오래 전부터 이미 강하게 뿌리 내린 상황 아닌가. 부동산 거래량이 급증하는 계절이 봄철이다. 상대적으로 불볕더위가 기승을 부리는 하절기와 한파가 심술 부리는 동절기의 거래량이 뜸할 수밖에 없다.

지극히 상대적이다. 극과 극이다. 대조적이다. 인간의 활동반경이 넓어지는 봄가을이 길어져야 하건만 점점 짧아지는 통에 매수욕구마저 덩달아 작아지는 판국 아니랴. 짧아지는 봄 기운에 투자의욕이 작아진다. 욕망의 크기가 비좁아진다. 특히 개미와 하수들의 경우, 날씨 변화에 몹시 예민할 것이다.

고수와 다른 모형이다. 줏대 없는 부화뇌동이 늘 도마 위에 오른다. 고수는 날씨의 변화와 무관한 삶을 영위하고자 노력하는 자이다. 그에게 삼복더위와 같은 크지 않은 변수는 장애가 될 수 없다. 투자의 욕구를 막지 못한다. 경제력과 정보력이 보완된, 완비된 상태에선 큰 문젯거리가 안 된다.

날씨 모델과 가수요자들의 모형, 그리고 정부 발표 등 외부변수와 세력에 수동적 자세를 취하지 않는 자가 누군가. 분명코 하수는 아닐 것이다.

'하수와 고수의 부동산 구분법'

부동산 고수와 하수를 구분하는 방법은 여러가지. 그들과의 대화 속에서 고수와 하수를 구분할 수 있다.

그들의 부동산 구분법은 판이하다.

하수 - 집값 오르는 지역과 집값 떨어지는 지역으로 대별. 가치가 가격의 재료가 아닌, 가격이 가치의 재료가 된 격. 땅값 오르는 지역과 땅값 내리는 지역으로 구분하여 가격이 떨어지면 가치가 낮다는 평가를 쉽게 내린다. 가격이 오르면 거품과 무관하게 가치가 높다고 스스로 인정하는 스타일.

고수 - 잠재력 높은 지역과 잠재력 낮은 지역, 접근성 높은 지역과 접근성 낮은 지역, 즉 가치에 집중하는 스타일. 희소가치와 부가가치를 연구하는 스타일을 지속적으로 고수한다. 주관이 뚜렷하다.

삶의 질적 가치와 투자가치를 구분할 수 있는 자가 고수다. 삶의 질적 가치와 투자가치를 구분할 수 있는 판단력과 변별력이 낮은 자가 하수다. 소모전에 취약한 자가 하수다.

땅 잘못 산 자의 특징 - 애초 매수시점부터 부작용이 발현한다. 자신이 실수요 목적으로 움직이는 것인지 아니면, 투자명목으로 움직일 것인지 제대로 감지 못한 상황이니까. 시작이 절반이라고 했던가. 부동산에선 절반 이상이지 않을까 싶다. 첫발이 매우 중요하기 때문이다. 잘못 들어선 이상 뒤로 후진하기엔 역부족. 회복이 쉽지 않다. 중간에 자각해도 소용없지만 대부분 하수들은 막판에 눈치 챈다.

4. 교수도 가는 지름길

'땅값 이동할 수 있는 세 가지 변수'

'괜찮은 투자처 기준'

'부동산 평가품목(덕목, 대상)'

'송산역이 좋으냐? 향남역이 좋으냐?'

'가격 올리는 행위와 가치를 올리는 행동'

'신도시 아파트와 신도시 주변 땅의 공통점'

'진정한 의미의 땅 브랜드 가치'

'(예비 부동산주인이) 부동산 공부하는 세 가지 이유'

'그린벨트 위치가 생명'

'땅 투자 성공과 세 사람'

'골치 아픈 땅투자 과정'

'땅값 올리는 규제와 울리는 규제'

'규제 공부하지 않으면 투자할 수 없다'

'땅투자 서류 보고 하지 마라'

'학교 위치와 아이의 미래 위치'

'인구구조와 지역랜드마크'

'(가장 강력한) 투자의 재료'

'땅값 오르는 모토'

'실수요와 투자지역으로 구분하기'

'강남부자가 노리는 부동산은 어디에 있는가?'

'땅값 이동할 수 있는 세 가지 변수'

변수, 변덕 따라 땅값은 이동한다. 좋은 변수와 나쁜 변수로 대별된다는 점이 강점이자 맹점. 변수가 변질되면 변덕에 불과하다.

하나, 하잘 것 없는 변덕사안에도 땅값은 어김 없이 미동할 수 있는 게 땅의 성질이자 강점이다. 개발청사진 및 그 진행상황은 좋은 변수 중 하나. 개발청사진이 지지부진한 경우는 변덕에 해당된다.

땅값을 움직이는 힘은 세 가지로 압축된다.

1. 주변 움직임 - 주변 움직임의 변화속도와 그 범위 따라 가치가 이동한다.

가치의 변화가 가격의 변화이다. 다만, 가치의 범위와 가격 범위가 반드시 동일 수위는 아닌 것이다. 가격 변덕이 심하다. 줏대 없다. 예민한 성격을 숨길 수 없는 지경이다. 지주 입장에서 개발 계획 등 작은 소문 하나에도 과욕이 발생한다. 지주 과욕은 곧 중개업자들의 과욕으로 발전하여 폭등세를 유지한다. 유혹한다.

예) 내 땅 주변의 인구와 지상물 구조 상태에 따라 가격이 이동한다.

젊은 인구와 노인인구로 구분하고, 유동인구와 고정인구로 대별.

지상물 구조는 다른 성격을 지닌다. 공실 및 미분양 상태 파악이 주요사안이기 때문이다.

현장답사 때 내 땅 용도와 지목, 모양새 등에 신경 쓰기 보단 주변의 동향인 인구와 건물상태를 눈여겨 보아야 한다. 이는 큰 실수와 리스크를 크게 줄일 수 있는 필수덕목이기 때문이다.

2. 개발변수 - 난개발에 주의해야 한다. 공실이나 미분양에 주의해야 하기 때문이다. 내 땅 주변에 비어 있는 건물들이 많다면 내 땅 가치는 떨어지기 마련이다. 가격폭락현상은 없겠지만 말이다. 땅은, 주변의 작은 변덕에도 오름세를 유지할 수 있기 때문이다. 이왕에 개인적으로 땅값상승폭이 더 넓으면 좋지 않으랴.

3. 규제 변수(장기성 규제와 단기성 규제) - 땅값폭등현상은 장기성 규제가 해제될 때 발생한다.

개발 시, 규제를 완화하거나 해제과정을 밟는다. 장기성 규제
는 개발의 큰 장애물이 될 수 있기 때문이다. 이 때 단기성 규제가
가해진다. 단기성 규제는 작은 규제에 불과하다. 일정기간이 지나
가수요자가 급감하여 열기가 식으면 단기성 규제는 풀리기 마련
이라서다. 단기 규제가 가해진다는 것은, 국가 및 지자체 차원의
개발행위를 줄기차게 진행하겠다는 의지, 의미다. 국가 혹은 지자
체 차원의 개발이 진행되는 동안 개별적인 토지이용을 제한하는
것이다. 작은 규제다.

'괜찮은 투자처 기준'

괜찮다 싶은 땅에 조심스럽게 접근하고자 한다. 땅은 용도변환
에 관한 기대감이 상업 및 주거시설물보다 훨씬 높은 종목 아니
랴. 잠재성에 관한 기대감이 큰 이유다.

진정한 용도의 활용가치 - 역시 다양한 건물구조보단 다양한
인구구조에 집중하지 않으면 안 된다. 지상물만 많다고 해서 지역
잠재력이 높은 건 아니기 때문이다. 외형보단 내실(인구)에 집중
하지 않으면 안 된다. 상업 및 주거시설의 공실과 미분양현상은
지역흉물, 애물로 잔존할 수밖에 없기 때문이다. 부동산 가치마저
마구 떨어지는 상황에 직면하기 십상이다.

용도변환 후 지상물만 잔뜩 채워진 지역은 잠재력이 낮으나, 젊고 싱싱한 고정인구와 인생 경험 많은 노련한 노인인구가 동시다발적으로 채워진 상태의 지역은 그 잠재성이 무궁무진, 극대화 될 게 뻔한 이치다. 당연한 논리다. 가치의 한계가 끝 없어 보이기 때문이다. 희망적이고 긍정적이지 않은가. 잠재력이 매우 높고 용도 활용가치가 극대화 되기 때문이다.

역시 무조건 용도가 변환한다고 인구가 늘어나는 건 아니다. 용도가 변환되지 않아도 인구가 꾸준히 증가하는 곳도 존재할 수 있어서다. 용도변환이 되었지만 인구구조에 변화가 없다면 개발위치나 용도지역 위치가 형편 없기 때문일 것이다.

개발이슈와 별개로 '괜찮은 투자처 위치의 기준' - (대규모 가수요공간이 아닌) 대형 실수요 공간 인근과 주변.

한 지역에 가수요자만 잔뜩 몰려 있는 지역은 지역 잠재력이 낮기 때문. 예를 들어, 기획부동산만 잔뜩 몰려 있다면 그 지역은 문제 있는 곳. 개발계획과 청사진, 조감도만 보고 움직이는 경우는 위험할 테니까. 고정인구가 꾸준히 증가하는 곳이라면 일단 투자처로서 합격점이다.

주변변화에 예민한, 간사한 종목이 땅이다. 갈피를, 종잡을 수 없다.

주변변화의 실례, 실상 - 기피 및 혐오시설물, 업무 및 상업시설물, 대규모 녹지공간 활용(공원화) 등.

내 땅(임야, 농지) 인근에 업무 및 상업시설물이 들어선다면 내 땅 가치는 무궁무진할 것이다. 그러나 기피시설물이나 녹지공간이 대규모로 형성된다면 지주 입장에서 실망감이 클 수밖에 없을 것이다. 물론, 기피시설물이나 녹지공간 존속이 인구 유입을 절대적으로, 무조건 방해하는 건 아니다. 장애인시설물이나 정신병원 등을 기피시설물로 인지하는 자가 있는가 하면, 그 반대의 입장에서 바라보는 자도 있기 때문이다. 녹지공간은 친환경 개발 모토와 직결되기에 녹지공간이 절대적으로 기피 대상은 아닌 것이다.
주변환경이 곧 자연환경(입지). 입지와 사람 관계가 자연과 더불어 정립, 존립하지 않으면 안 될 것이다.
여전히 땅은 공간활용 이전의 모습을 유지한다. 존속한다. 주변 공간을 더불어 활용하는 것이리라. 내 땅 주변의 용도변경 및 용도지역 분포도가 중요한 까닭이다.

● 용도상태보다 더 중요한 사안

땅처럼 인근 상황에 지대한 영향을 받는 재목도 드물 터. 땅 인근의 지상물 모형에 많은 영향을 미친다.

상례) 상업지 인근의 땅이나 상업공간 인근의 땅
　　　주거지 인근의 땅이나 주거공간 인근의 땅
　　　공업지 인근의 땅이나 공업공간 인근의 땅
　　　내 땅 인근의 대형 녹지공간의 변형과정

용도지역보다 더 중요한 것이 있다. 역시 인구다. 지상물 유입현상보단 인구유입현상에 지대한 관심을 갖기 마련이다. 비어 있는 상업공간보단 꽉 찬 주거공간이 더 위세가 큰 법. 역세권 주변 땅과 수도권 땅이 무조건 좋다는 식의 절대평가 방식은 위험하다. 착각이다. 비어 있는 역세권이 존재할 수 있고 수도권 중 인구유출현상의 심화에 몹시 시달리는 지경에 놓인 공간이 있을 수도 있기 때문이다.

마천루 인근 땅이 무조건 잠재력이 높다고 볼 수 없다. 공실률이 높은 마천루는 인근 부동산들에도 영향을 미친다. 대형 아파트 인근 땅이 무조건 좋다는 관념은 무모한 의식. 왜? 미분양현상이 계속 발현한다면 땅 가격과 별개로 땅 가치에 의심을 갖을 만한 상황이 될 테니까. 대규모 산업공간엔 젊은 인구가 발현할 수 있지만 기계를 사람보다 우선시 하는 상황이라면 잠재력은 낮을 수밖에 없다.

은퇴 노인인구가 다양하게 분포되어 있는 전원주택 단지보다 젊은 인구로 구성되어 있는 대규모 주거단지와 산업단지에 수많은 변수, 즉 잠재성이 내포되어 있는 것이다.

　부동산 투자자는 용도상태보단 인구상태를 중요시 여겨야 할 것이다. 부동산 매수자는 주변 편익시설을 중요하게 여긴다. 그러나 투자자는 주변 용도상황을 살핀다. 주변의 편익시설물은 현재의 가치이지만 주변 용도상황은 미래가치, 즉 잠재성인 법. 단지, 늙은 지상물에 늙은 인구가 내재되어 있는 건 아니다.

'부동산 평가 품목(덕목, 대상)'

부동산 가치평가의 덕목

1. 접근성 - 위치가 재료. 위치를 통해 감지한다.

2. 현장감 - 인구 작용

3. 미래가치 - 잠재성

4. 도로상황 - 예) 철도와의 거리

5. 개발청사진 - 타당성 검증 필요. 단, 거품에 주의해야 한다.

6. 랜드마크(예. 브랜드가치). 역시 거품에 주의해야 한다.

7. 시류

    1) 전체인구가 감소세이지만, 노인인구는 증가세이다. 젊은
       인구가 감소하고 있기 때문이다. 이에 따라 소형 부동산

이 대세다. 그 속에서 소규모 개발 또한 대세다. 득세다. 개발규모가, 개발면적이 크다면 불리하다. 개발기간과 개발비용이 덩달아 늘어나 불안 안 할 수 없기 때문이다. 지루하다. 지지부진되는 경우의 수도 있을 수 있다. 개발의 필요성마저 덩달아 떨어질 수도 있다. 소형 부동산은 소규모 개발이 모토. 아무리 갈수록 녹지공간이 커진다 해도 말이다.

2) 시대가 급변하는 데 부동산에 관한 인식도는 날로 낮아지는 것 같다. 외형만 화려한 법.

자식의 용도나 부동산의 용도나 거반 일치하니 말이다. 자식을, 부동산을 통해 팔자 고치려 애쓴다. 자식이나 부동산은 절대 악용의 대상이 아니다. 자식을 재테크 수단으로 여겨 투자비용을 아끼지 않아 빚얻어 자식 등록금을 대주는 경우도 있다. 맹모삼천지교가 여전히 만연하고 있다. 8학군의 존속은 결국, 강남북 교육 갈등과 지역갈등을 조장하는 꼴. 8학군 탄생의 원흉은, 자식을 재테크 수단으로 악용한 결과이리라. 엄마의 치맛바람과 모정의 세월은 허망하다. 촌지의 탄생과 촌지 확산의 발로가 바로 엄마들의 극성 아니랴. 내가 못한 한을 아이 통해 꿈의 완성도를 높이겠다는 결의와 열의가 한 아이를 망칠 수도 있다. 허망한 큰 욕망, 누굴 위한 발산이랴.

● 명품 부동산의 기준(조건)

　진정, 명품 부동산의 기준은 무엇인가. 지역 명물의 건물이, 명품 건물이 명품 부동산의 모든 조건을 충족시킬 수는 없다. 명품, 명물 인구가 명품 부동산과 직결되는 것이리라. 가격의 이동은 인구와 깊은 관련이 있는 것이다. 무기체에 의해 가치가 이동하는 건 아니다. 지역 명물이 반드시 명물 건물은 아닌 법. 지역 명물은 질 높은 인구구조를 말하는 것. 이를 테면, 산업경제활동인구와 젊은 주거인구를 말하는 것이다. 관광인구를 명품 부동산의 가치 기준으로 여기면 안 된다. 지극히 유동적이기 때문이다.

　명품 부동산의 가치 기준을 정하기에 앞서 명품인구의 기준을 명확하게 정하는 게 중차대한 일. 노인인구가 급증하는 곳을 지역 명품으로 인정하는 건 무리다. 휴경지나 휴한지가 가치 없는 것처럼 실업 신세의 사람들이 지역에 존속한다면, 아니 기생한다면 지역가치가 저절로 저질로 변질되고 말 것이니까.

'송산역이 좋으냐? 향남역이 좋으냐?'

광대한 중국시장이 우리를 크게 위협하는 가운데 서해안시대에 관한 기대감은 여전히 높고 크다. 그 한켠엔 서해안고속도로와 더불어, 지금 개발 중인 서해안복선전철 라인이 그 존재감을 알린다. 큰 희망으로 떠오르고 있다. 지역주민은 물론, 투자자가 기대하는 폭은 광범위하다.

투자자 우문이 이어진다. 어느 지역에 투자해야 돈 벌 수 있냐?
송산역, 합덕역, 향남역, 홍성역…
나름대로 특색 있어, 자신의 자금력과 응용력에 의해 움직이면 그만이다. 현장감과 접근성, 그리고 잠재성으로 평당가격을 매기는 게 순리다. 정도다. 정석일 터. 접점 마련이 우선이다.

송산역의 경우, 잠재력이 가장 크다고 볼 수 있다. 그린시티 청사진이 대단한 규모 아니랴. 우선, 공사(한국수자원공사)가 막대한 자금력과 막강한 정보력으로 광고를 대대적으로 하는 통에 그린벨트(개발제한구역)를 대대적으로 불식 시킬 수 있는 판국. 가격이 만만치 않다.

향남역 역시 잠재력이 큰 곳이다. 택지 형성과정과 인구유입속도가 대단한 수준이다. 크다. 환승역사 역할을 제대로 수행한다면 분당선 이매역 역할을 톡톡히 할 수 있을 것으로 보인다. 합덕역은 현장감은 다소 떨어지지만, 철의 도시 당진의 미래 지표가 될 수 있는 지역이다. 인구증가현상이 발현할 수 있을 것이다. 기존 홍성역 역시 환승 역할을 하는 통에 수도권과 충청권, 한걸음 더 나아가 전라선과의 연계 역할을 톡톡히 할 수 있는 곳이다. 신도시 역세권, 도청역세권이라는 닉네임답게 잠재력 또한 그 화력이 크고 무궁무진한 곳이다.

그렇기 때문에 서해선 중 괜찮은 투자처를 따로 정할 수 없는 것이다. 개별적으로 자신의 여유자금과 특색에 맞게 움직이는 수밖에, 별다른 정도(방도)는 없는 것이다.

서해라인 중 가장 투자처로 적격인 곳이 어디냐? 라는 우문은 마치 아이에게 엄마가 좋으냐, 아빠가 좋으냐? 라는 질문과 진배 없는 것이다. 더욱이 엄마아빠 바로 앞에서 직접적으로 질문하는 것은 큰 실례인 것이다. 예의가 아니다. 부동산 거래(시장)에도 에 티켓이 있는 법이다.

문제는 '돈' 이다. 여윳돈에 따라 투자 적격인지 부적격인지 바 로 인지, 판단하는 편이 낫겠다 싶다. 자신의 현재가치의 수준이 9인데 10을 억지로 만든다면 무리수를 두는 것이기 때문이다. 팽 창하여 폭발한다. 자신의 경제사이즈에 맞게 투자처를 조율하는 게 현명한 방도가 될 것이다.

● (한 지역의) 부동산 미래를 계측하는 가늠자

지상물은 완성물이지만 인물은 미완성물이다. 한 지역의 부동 산 미래, 즉 잠재성은 부동산 구조보단 인구 구조에 직접적으로 달려 있기 때문이다. 새로운 젊은 인구는 지상물 구조를 바꿔 놓 을 수 있는 역할을 한다. 단, 새로운 노인인구는 작은 주거단지(단 독주택이나 전원주택 관련 제1,2종 전용주거지역)를 만들 수 있 는 요인. 젊은 인구는 산업 및 관광단지를 구성하는 요인이다. 대 규모 주거단지를 형성할 수 있다.

결국, 부동산의 질적 가치는 곧 인구의 질적 가치와 직접 연계되는 것이다. 인구의 질과 지상물 질은 일맥상통한다. 노인인구는 부동산 용도의 다양성을 저해 할 수 있는 요인이나, 젊은 인구는 부동산의 다양성과 잠재성을 발현하는 원천이리라.

장수시대, 귀농인구가 급증세다. 대세다. 오지 속에도 사람들이 몰릴 가능성이 높은 이유다. 한 지역에 노인인구가 급증할 수 있는 이유가 된다. 비오지 속에도 노인인구가 급증할 수도 있는 법. 그러나 젊은 인구보다 지역에 미치는 영향력은 상대적으로 낮을 터이다. 잠재성보단 편익성을 우선시 하기 때문이리라.

잠재성은 투자가치에 큰 영향력을 행사할 수 있지만, 편익성은 현재가치(활용 및 실수요가치)와 관련 있는 법. 그 격차는 크다.

'가격 올리는 행위와 가치를 올리는 행동'

땅 가격 올리는 건 어렵지 않지만 땅 가치를 올리기는 힘들다. 땅 가격 올리는 방법은 개별적이나, 땅 가치 올리는 방법은 국가적 성향이 강해서다. 가격 올리는 행위는 자주 반복되는 편이나, 가치 올리는 행위는 극히 드문 상황. 난개발현상은 가치를 끌어올리는 행위와 사뭇 다른 것이기 때문이다.

가격은 거품현상이 발현. 그러나 가치는 거품과 무관하다. 가격신용도보단 가치신용도가 훨씬 높은 이유다. 가격은 홀대 받고 가치는 환대 받는 게 현실.

땅 가치는 무엇일까. 위치와 상황에 따라, 그리고 용도에 따라 상이하다. 예를 들어, 관광지나 상업지, 그리고 주거지는 다른 성질을 가질 수밖에 없는 것이다.

부동산 가치의 종류가 많아 가격 종류도 많을 수밖에 없다. 그렇지만 희소가치엔 가격이 다양할 수 없다. 부동산의 가장 큰 문제는, 새로운 가격을 수시로 만드는 것이다. 가치의 변화보다 가격 변화에 치중하는 일은 더 이상 용납 안 된다. 그건 한낱 거품에 불과하기 때문이다. 진정한 가치가 진정한 가격을 산출하여 거래량 급증으로 자연히 이어지는 것이다. 신빙성 높은 가격이야 말로 부동산 환금성을 높이는 강한 무기일 것이다. 신용거래 인상이 짙어 꾸준히 거래량이 늘어 부동산이 장기적으로 호황의 자태를 유지할 수 있을 터.

가치를 인정할 때 투자가치를 제대로 느끼는 것이다. 많은 사람들로부터 가치를 인정 받을 때 투자가치도 덩달아 업데이트 되는 것이다.

● 부동산 가치의 종류

부동산 가치는 두 가지로 대별된다. 희소가치와 존재가치가 바로 그것. 가격 책정을 할 때 희소가치가 존재가치를 훨씬 압도할 터. 당연한 논리다. 희소가치는 곧 부가가치와 연계되지만 존재가치는 건폐율과 용적률과 연계되는 것이다. 희소가치는 차별성과 연계된다(예. 잠재성).

존재가치는 공정성과 관련 있다(예. 존재성, 연속성과 연계성).
부동의 부동산 가치는 기대심리의 작용과 관계 깊다. 투자의 이유는 존재가치보단 희소가치와 연관 있다. 수요 심리가 극대화될 것이다.
가격하락보단 상승동력이 기대심리를 부추기는 건 당연한 논리. 이유가 분명하다. 불변이다. 하락 이유는 거반 가치 하락일 것이다. 인구감소세와 연관 있을 수 있는 상황 아니랴.

투자기간의 길고 짧음의 잣대 - 지상물의 증가 및 감소세(혹은 불변)보단 주거 및 고정인구의 증가 및 감소
예) 개발청사진 규모보단 인구동태 파악이 최우선인 것이다.
결국, 지상물 구조를 제대로 배치하는 목적은 각종 인구를 효율적으로 유입하는 데 있는 것.
존재가치와 미래가치의 차이점 - 부동산은 공산품과 크게 대비된다. 그 근거는 존재성의 응용여부이다. 잠재성이 곧 연계성이다. 극대화, 비화가 가능한 게 부동산이다. 주변분위기가 관건. 관심 대상이다. 존재가치는 지상물이 그 대상이지만, 미래가치는 땅

이 그 대상이다. 땅 답사 시 눈앞에 보이는 것은 아무 것도 없고 미래를 볼 수 있는 자는 아무도 없기 때문이다. 존재가치는 잠재력과 무관하지만 미래가치는 잠재력과 깊은 관련 있다. 존재가치 기준은 지상물 형태와 편익시설이지만, 미래가치의 기준은 인구의 변화와 인구의 질(예. 경제활동인구의 동향)이다.

존재가치를 가격으로 승화시킬 수 있는 과정은, 예측(예상) 가능하다(가격상황). 미래가치는 그 반대. 예상이 불가능하기 때문이다(가격의 움직임). 존재가치가 투자가치가 아닌 이유다. 미래가치가 투자가치인 이유다.

'신도시 아파트와 신도시 주변 땅의 공통점'

신도시 아파트와 신도시 주변 땅의 공통점 - 개발청사진과 조감도 보고 매수. 단, 선시공후분양 하는 경우와 택지의 경우는 다른 모형.

차이점 - 아파트는 현재의 가치를 보고 매수하지만, 땅은 미래의 가치를 보고 매수한다. 아파트는 현장 분위기에 집중하지만 땅은 미래의 분위기에 집중한다. 정밀한 예측행위가 필요한 이유다. 개별적으로, 개발의 타당성 검증 방도가 필요한 것이다. 땅값이 꾸준히 오르는 것은, 꾸준한 아파트 분양 때문일 것이다. 땅값 오름세가 비교적 넓게 분포되어 있는 까닭은, 아파트 없는 곳 찾기가 힘들기 때문이 아닐까 싶다. 주거시설 중 아파트 비중이 약

67%선(그 선이 들쭉날쭉하다) 아니랴. 왜냐, 재건축이나 재개발, 리모델링 등의 대상이 아파트이기 때문이다. 세월 앞엔 장사 없다. 사람은 늙으면 죽기 마련이고 부동산은 늙으면 재개발 과정을 겪어야 하는 법이다.

단독이나 전원주택 등 1,2종 전용주거지역보단 2,3종 일반주거지역이 개발1순위로 여전히 꼽히는 상황 아닌가. 아무래도 땅값 동력은 인근의 대형 공동주택이 크다 볼 수 있는 법. 소형 공동주택보단 말이다. 그렇지만 소형 부동산이라고 무시할 건 아니다. 소형 부동산이 대세 아닌가. 오지 속 도시형생활주택 인근의 땅들도 가격이 상승하는 상황이다. 땅의 존재가치는 인근의 여러 모형의 지상물 영향이 큰 법.

그러나 지상물은 인근 땅들의 변혁과는 거반 무관. 약하다. 땅은 무기체에 불과한 장르 아니랴. 건폐율과 용적률이 전혀 이동하지 않은 상황. 인근의 부동산들 힘에 의해 움직이는, 수동적 자태를 선보이는 게 땅이다. 땅들끼리의 조화보단 여러 부동산과의 조화, 조합만이 땅의 유익일 것이다. 농지로만 형성된 곳엔 희망이 없다고 본다. 잠재력이 약해서다. 임야로만 구성되어 있는 곳 역시 잠재력이 약하다. 악산이 있다면 국가적이든 개별적이든 개발이 힘들다.

'진정한 의미의 땅 브랜드가치'

공산품 가치 기준은 브랜드 상표다. 아파트 등 생산 가능한 부동산(아파트자체가 마치 생산품인 양)은 건설사 브랜드에 의해 구매과정을 거친다. 대기업이나 공사라면 절반은 우선적으로 믿는 게 습관적인 행동. 그러나 땅은 브랜드가치와는 거반 무관한 지경. 외부세력이 다양하게 작용하기 때문이다. 단순히 인근 구조물, 시설물, 공작물, 지상물 등에 직접적으로 영향 받기보단 인구 주류에 따라 가치가 이동한다.

공사가 지주인 땅이 반드시 브랜드가치가 높다고 볼 수도 없는 게 현실. 기대감을 저버리는 경우도 있기 때문이다. 거품 논란이 늘 끊이지 않는다. 개발 통해 가치를 끌어올리는 것보다 잿밥 등에 눈이 어두운, 단순히 땅 장사꾼 이미지가 강하다는 것이다. 폭리가 도마 위에 오르곤 한다. 지나친 폭리는 가치(희소 및 부가가치)를 다운시키는 원흉 아니랴. 브랜드 가치를 인정 받을 수 있는 공사가 공사(개발)하는 부동산에 의해 인구가 집중 몰린다고 말할 수는 없는 법. 지나친 폭리를 보고 누가 감히 접근하려 하겠는가.

누가 그러더라, 한국토지주택공사가 사회 공인 기획부동산이라고.

아름다운 가격, 분양가로 서민들에게 다가오는, 접근하는 순수한 공사가 되지 않아서 그런 것 아닌가(?)

여하튼, 땅의 운명(팔자소관), 운영(이동사안) 관계는 한 가지. 인근의 변화 주류를 적극적으로 따른다는 것이다. 기획부동산이건, 공사건, 건설사건 브랜드가치와 이동범위에 상관없이 내 땅 인근에 공사가 재개되는 상황이라면 내 땅 가격은 변한다. 인구변화가 곧 땅값 변화인 셈. 이것이 진정 땅 가치일 터. 단순히 지상물이 생기는 것도 중요하겠으나, 다양한 인물, 인구가 발현해야 진정한 땅의 브랜드가치가 높아지는 것이다. 여기서 강조하는 인물은, 고급인구를 의미한다. 지상물이나 시설물이 아닌, 동물(고등동물〉하등동물)을 의미하는 것이다.

'(예비 부동산주인이) 부동산 공부하는 세 가지 이유'

부동산학과 교수도 땅 마케팅 전면에 나서는 시대. 브리핑 시업자 버금갈 정도로 적나라하다. 투자자 계약률이 높다. 아무래도 명성도와 정비례 할 터이니까. 부동산 공부 많이 한 이가 교수 아니랴. 교수가 매일 부동산 공부하고 연구하는 건 일상사, 당연지사다. 그러나 범민들 입장은 다를 수 있다. 부동산 공부 목적은 단한 가지 일 터이니까. 투자 리스크 크게 줄여 성공률 높이는 방도, 즉 왕도의 바른 접근이 공부 목적일 것이다. 학생을 가르치기 위한 방편으로 공부하는, 연구하는 교수와는 사뭇 다른 것이다.

범민이나 예비 부동산주인의 부동산 공부의 목적과 이유는 별

다르지 않아 다음과 같이 점철될 터.

1. 개발 타당성과 정당성을 제대로 바로 검증하기 위해서다. 왜냐, 여전히 국토가 난개발 상황 아니랴. 아름다운 개발청사진이 무조건 아름다운 결과로 이어지는 건 아닐 테니까.

2. 규제 공부하기 위해서다. 우리나라 국토는 규제의 온상 아니랴. 행정적(단기규제, 투기방지 목적)이건 물리적(통상적으로 장기규제)사안이건 간에 규제가 많다. 사람과 시설물이 잔뜩 몰려 있는 수도권은 규제의 온상. 규제 없는 곳이 없기 때문이다. 수도권정비계획법에 의한 규제 강도가 발현 중. 지방 대비 규제강도가 높은 편이다. 다만, 다양한 인구 및 지상물 구조가 자존감을 올린다.

3. 가격거품 역시 제대로 검증하기 위해서다. 개발지는 항시 거품이 들어가니까.

요는, 변수 공부가 부동산 공부인 격. 개발, 규제, 가격거품에 대한 변수를 공부, 분석하는 것이리라. 개발의 적정성과, 규제와 가격수준을 제대로 정독하지 못한다면 투자자격에서 멀어질 것이다. 다양한 개발이슈 및 가격 종류, 그리고 규제의 온상 속에선 투자자가 결단 내리기 쉽지 않다. 부동산에 관한 강점(개발이슈) 공부보단 맹점(가격거품과 규제사안)공부가 우선인 까닭이리라.

규제 - 가격거품을 제거할 수 있는 모토(한시적 규제사안)

개발이슈 - 가격거품을 유발할 수 있는 모토

장기 규제사안 - 새로운 가격을 분출하기 힘든 지경

부동산 거품의 의미 - 기대감과 반대 방향으로 흐르는 경우

예) 개발계획에 이어 개발진행 중엔 각종 지상 및 시설물이 증가. 개발완료 때는 각종 인구가 유입된다. 이 때 개발계획에 한 번, 개발진행 중에 또 한 번, 그리고 개발완료 때 또 한 차례 가격상승현상이 일어난다.

결과적으로, 완료시점엔 가격이 폭등세를 이루는 것. 그러나 개발완료 때 인구가 기대와 다른 방향으로 흐를 때 거품을 심히 의심 받을 수밖에 없다. 일단 들어간 큰 거품이 쉽게 빠질 리 만무하니까.

요는, 부동산에 관한 (강한 수위의) 거품의 특징은, 암과 치매, 불경기 현상과 진배 없는 것이리라. 암과 치매 등은 일단 들어가면 완치가 불가능하기 때문이다. 더 이상의 악화만 막을 뿐 별다른 처방책은 없다. 암치료 후 흔적이 없는 경우는 없다. 거품의 흔적은 영원히 남는 것이다. 거품은 병적이니까. 동적이고 공격성이 매우 강한 성질을 지닌 세균이다.

암과 치매는 완치할 수 없는 고질병. 거품도 완치가 불가능하다. 늘 흔적이 남기 때문이다. 초기에 미리 발견해도 흔적 없이 말끔히 치료할 수는 없다. 평생 재발 없이 치료 할 수 있다고 말하는 자는 아마 사기꾼일 것이다.

약만 팔아 먹는 돌팔이 의사이거나 부동산만 팔아먹는 부동산 사기꾼일 것이다.

'그린벨트 위치가 생명'

그린벨트가 지역애물 노릇하는 경우가 있지만 그 반대인 경우도 있을 수 있다. 그린벨트는 장기 규제사안이지만 그 장기규제의 위치가 중요하다. 위치가 괜찮다면, 즉 접근성이 비교적 양호한 상태라면 기대감을 크게 갖을 만하다. 그린벨트가 존속한다고 해서 접근성과 현장감이 떨어지는 건 아니다.

서해안복선전철 라인 중 송산역사 예정지 땅값이 폭등세다. 착공 전엔 사람들이 눈길 한번 주기도 힘들었지만, 지금은 수자원공사가 광고를 대대적으로 하는 바람에 땅값에 폭풍이 일렁인다. (주거인구 76여 만명의) 안산 바로 밑에 있는 송산의 잠재력은 높다고 볼 수 있다. 문제는 대규모로 그린벨트가 퍼져있다는 것이다. 개발의 눈엣가시가 될 지 아무도 모른다. 그러나 큰 걱정거리는 아닐 터이다. 그린벨트가 개발의 큰 장애는 아닐 터이니까. 작은 장애물 뿐이다. 규제를 피해 개발하는 게 더 나을 수 있기 때문이다. 지금은 개발 모토가 친환경적 개발 아니랴. 더욱이 송산은 관광개발이 모토. 주거시설이나 산업공단이 대규모로 진입할 곳이 아니다. 웰빙과 웰다잉이 화두가 되는 작금의 실태와 잘 맞지 않을까 싶다.

그린벨트가 존속해도 가치가 상승동력을 타는 예는 많다(예. 도봉산역, 오이도역, 원당역 일대). 그린벨트가 가치를 떨어뜨리는 장애물은 아닌 법. 그린벨트 위치가 도로 위치 버금갈 정도로 중요하다. 개발되는 지점과 규제 지점에 눈독들이지 않으면 안 될 것이다. 집중하지 않으면 안 된다. 결국, '개발지역 위치' 못지않게 '규제지역 위치'도 중요하다는 것이다. 개발 명목으로 규제 해제 과정을 반드시 밟는 것은 아니다. 녹지공간이 넓다고 해서 개발 효과가 작은 것은 아니니까.

'땅 투자 성공과 세 사람'

땅을 만나기 전에 사람을 잘 만나야 한다. 잘못된 인연이 악연으로 변한다면 큰일나기 때문이다.

(1) 컨설턴트

(2) 지주(인근의)

(3) 인구(고정 및 주거인구 상태)

(1) 인간성이 괜찮은 컨설턴트 만나면 땅의 본성에 합당한 물건을 만날 수 있다고 보기 때문

(2) 내가 매입코자 하는 인근 지주들이 정보력 뿐 아니라 자금력이나 생산력까지 탁월한 상황에 놓인 자라면 금상첨화다.

부동산의 연계성을 기대감으로 충족시킬 수 있는 과정에 놓여 있기 때문이다.

(3) 내 땅 인근에 젊은 고정+주거인구가 유입, 증가세라면 젊은 지역 즉, 잠재력 높은 지역으로 명성이 커져 주변세력과 화합할 수 있는 큰 돌파구가 마련될 수 있을 것이라고 보기 때문이다.

인간사가 모두 그러하겠지만 특히, 부동산은 사람 잘못 만나 낭패보기 쉬운 구조를 가진 상황 아니랴. 사람 잘 만나 부를 축적하는 사람도 있지만 말이다. 부동산은 주변사람, 이해관계자들에 의해 거물로 거듭날 수 있는 재목이다. 부가가치 기대할 수 있는 모토는 역시 인간이다. 인간 보호가 사람 외의 요인보다 중요한 사안. 규제가 강하다는 것은 사람 접근을 힘들게 하는 것이다.

여하튼, 부동산은 사람에 의해, 사람 보호에 의해 움직이는 것이다. 결코, 사람 이외의 것에 움직이는 법은 없는 것이다. 화려한 건물들이 부동산을 움직이게 하지 않는다. 인구의 질적가치가 중요하다. 큰 건물이 무조건 좋은 건 아니다. 임차인들의 질적가치가 양적가치보다 더 중요한 이유다. 건물의 질은 입주해 있는 임차인들의 질적구조에 의해 그 양태가 천양지판으로 달라지는 것이다.

땅 역시 지주 영향력에 의해 땅의 질이 변할 수 있는 기회가 주어지는 것이다. 땅이 가치의 장이 되기 위해선 사람의 질이 낮으면 절대로 안 된다. 사람 가치를 땅 가치와 연관 짓는 경우도 태반. 그러나 임차인의 질이 중요한 법. 농지로 매달 수익을 바라는 경우도 있을 수 있다. 귀농시대 아닌가. 집 확보는 되었지만 땅 확보가 안 된 이들에겐 적은 비용으로 임대, 위탁하는 경우도 있을 수 있다.

'골치 아픈 땅투자 과정'

땅투자 시기가 따로 정해진 건 없다(의식주 중 주가 주택이지 않은가. 땅은 선택항목이고 집은 필수덕목이라는 말). 여윳돈으로 움직이는 종목이 땅이다. 필수항목인 주택과 다른 모형이다. 땅투자 과정에서(집 매수와 달리) 예외사항을 무시하면 안 된다. 시기가 투자장소에 따라 달라지는 것처럼 투자성향이 시대에 따라 판이해질 수밖에 없는 것이다. 예외사항은 변수. 예외사항은 존재한다. 정답이 존재할 수 없는 이유다. 대신 해답이 존재한다. 위기극복법이 없지 않다. 땅투자는 아파트 매수와 달리 변수가 다양한 각도로 발현한다.

아파트 매수는 변수가 많지 않다(땅 대비). 비교적 단순한 편이다. 프리미엄 수준과 전매제한 여부에 따라 매수자 맘은 언제든지 쉽게 바뀔 수 있다. 건설사 지명도와 브랜드 따라 수동적으로 움직이는 게 상례. 주관적이지 않다. 그러나 땅투자는 '미래'를 믿고 움직이는 구조다. 어렵다. 난관의 연속이다. 개별성이 농후하다. 무에서 유를 창궐해내는 구조이다. 무기체가 유기체로 변하는 과정 중 많은 가격이동현상이 일어난다. 가치가 변하여 가격도 변한다. 이 때 역시 고수는 가치를, 개미들은 가격을 눈여겨 볼 터.

아파트 가격상승세와는 다른 모형을 보이고 있는 땅값 변화.

아파트가 두 배 상승하는 기현상은 절대로 일어날 수 없다. 설령, 그것이 현실화된다 해도 투자자가 생길 수 없는 법. 거품논란에 쉽게 휩싸일 게 뻔하지 않으랴. 수요감소로 이어져 대규모로 미분양증상에 시달리게 될 것이다. 아파트가 두 배 떨어지는 증상은 비교적 자주 나타난다. 반값 아파트가 중대형아파트에서 발견되곤 한다. 반값에도 안 산다. 여전히 투자 목적으로 움직이는 아파트 매수예정자가 많다는 증거다. 아파트 분양가에 이상신호가 켜지면 아파트 투자자는 전혀 미동조차 하지 않는 것이다. 이는 우리나라가 여전히 부동산 후진국의 허울에서 머물고 있다는 증거다.

땅값이 반값으로 추락하는 경우는 드물다. 부동산 중 땅은 유일무이한 무기체, 미완성물이라 바닥에서 그 가격이 형성되는데 반값이 말이 되는가. 말이 안 된다. 반값 추락현상은 (거품이라는 인상이 짙었을 때도) 땅에선 나타날 수 없다.

아파트가 두 배 이상 오르는 경우가 드문 것처럼 땅값이 반값으로 추락하는 추악한 증상은 일어나지 않는다. 땅에 관심 두는 자가 급증하는 이유이기도 하다. 아파트보다 땅에 변수사항이 많다 보니 가격상승세력+동력도 큰 것이다. 예외사항을 정독할 줄 모른다면 땅투자 하지 못할 것이다.

용도지역과 용도구역으로만 땅 투자할 수 없고, 개발청사진 하나만 믿고 투자하기도 쉽지 않다.

땅투자는 골치아프다. 정답이 없고 해답만 존재해서다. 그 해답이 바로 왕도인 것이다. 노하우다. 개별적이고 주관적이다. 다양한 각도의 변수가 존재하기 때문이다. 변수가 많아 예상이 힘들다. 정책과 법률이 변하고 시황이 변하니 투자자도 융통성에 맞게 움직일 필요 있다. 투자자도 변하지 않으면 안 된다. 변해야 산다. 변하지 않으면 시행착오 겪을 수 있다.

'땅값 올리는 규제와 울리는 규제'

(1) 땅값, 가치를 끌어올리는 규제

(2) 그 반대(울리는 규제)

(1) 단기성 규제 - 예) 개발행위허가제한지역이나 토지거래허
가구역. 각기 난개발방지와 투기 방지를 위한 규제. 규제 기
간이 정해진 상황이라 지주들 입장에선 큰 걱정할 필요 없
다. 일시적인 규제사항이기 때문이다. 규제 해제 시 또 한
차례 다른 각도의 토지가격상승현상도 기대할 수 있다.

(2) 장기 규제 - 예) 군사시설보호구역. 군사시설이 갑자기 생긴
다면 큰 일이다. 기피시설물이 갑자기 들어오면 부동산 가

치에 문제점이 발현하기 마련. 장기규제는 단기성 규제와 전혀 달라, 규제 해제가 정해진 게 아무 것도 없다. 기약 없다. 영원하다. 지주들 입장에선 불안 안 할 수 없다.

결국, 단기성 규제란 지주들 입장에서 환영할 만한 모토. 왜냐, 사람들 관심사요 큰 이슈거리가 없다면 굳이 규제할 이유가 없기 때문이다. 가치가 올라가고 관심도가 높아지는 곳에 규제가 가해지는 것 아닌가. 무관심한 사각지대에 규제가 가해질 리 만무하다. 먹을 것이 많은 곳에 규제가 가해지는 것이다. 규제에 대해 하수는 싫어하지만 고수는 그다지 실망하지 않는 이유다.

가수요자들이 대거 집중 몰려드는 바람에 잠시 과열분위기를 진정 시키고자 단기 규제를 가하는 것이기에 지주 입장에선 걱정할 필요 없다. 애물단지를 단기성 규제 대상으로 여기진 않을 거다. 다만, 장기 규제물이 들어서면서 보물단지가 애물단지로 전격 변질되는 경우의 수는 항시 있는 법. 긴장하지 않을 수 없는 이유다.

'규제 공부하지 않으면 투자할 수 없다'

규제는 부동산 매수과정을 힘들게 만드는 걸림돌과 같은 것이다. 규제 없는 부동산이 있겠는가. 완벽한 부동산을 찾는 사람은 투자자가 될 수 없다. 완벽한 부동산이 존재할 수 없기 때문이다. 규제 공부, 규제 연구하지 못한다면 투자자 반열에 속하지 못한다. 규제는 인간보호와 자연보호를 겸하지만 궁극적으로는 사람보호에 목적이 있는 법.

개발을 할 때 자연을 훼손하는 과정에서 폐단이, 패악이 생길 수 있다. 환경오염은 자연파괴 과정에서 발현하는 법. 결국, 규제는 자연을 보호하면서 개발을 하라는 취지의 대의명분이 내포되어 있지만 사람의 건강을 생각하는 것. 자연이 산소를 방출할 때 인간은 일산화탄소를 방출하는 구조 아니랴.

　개발할 때 녹지공간, 대자연을 파괴하는 과정을, 역경을 밟을 수밖에 없다. 사람 건강을 도탄에 빠뜨릴 수 있다는 말이다. 그런 패악을 최소화 하겠다는 용단이 규제의 존재성인 것이다. 규제의 뜻을 이해하지 못한다면 투자할 수가 없다. 단순히 규제를 폐단으로 여긴다면 부동산 통해 몸을 움직일 수 없을 것이다. 투자자가 할 일은, 규제 공부를 통해 규제 크기와 수준을 판별할 수 있는 능력을 꾸준히 배양하는 것이리라.

'땅 투자 서류 보고 하지 마라'

땅 투자자가 미스하는 부분은 서류 맹신행위이다. 땅투자는 서류에 의존하면 안 된다. 실수요자와 다른 모형이다. 농업진흥구역과 맹지상태 등 예민한 사안들을 토지이용계획확인서 통해 인지하는 자가 땅 살리는 만무할 터이니까. 해당 부동산에 개발청사진이 없는 상태라면 도저히 농업진흥구역에 희망이 없기 때문이다. 그렇기 때문에 땅 투자 시 서류 통해 투자하는 건 무리다. 단, 지적도는 참고할 만하다. 접근성이나 현장감 정도를 어느 수위 감지할 수 있기 때문이다. 도로 접근도와 도로 위치 등을 대략적으로 인지, 인식할 필요가 있는 것이다.

지적도 상황은 인터넷으로 확인해야 주변 상황까지 파악이 가능하다. 오프라인 통해 알아보려면 여러 장의 지적도를 발급 받아야 하는 번거로움이 뒤따르기 때문이다. 인터넷 통해 알아보면 그 주변 지번들까지 샅샅이 찾아내 그 상황을 한 눈에 볼 수 있어 편리하다. 개발청사진의 위치는 위성사진이나 지적도 통해 알 수 있지만 토지이용계획확인서는 무용지물이다. 왜? 용도지역과 용도구역은 개발청사진과는 하등 관련 없어서다. 별개사안으로 취급된다.

땅투자, 서류를 보느니 차라리 시류(현장 및 시장분위기와 시간) 따라 움직이는 게 낫다. 단, 개발이슈 전혀 없는 농업진흥구역을, 맹지를 사라고 말하는 사람이 있다면 그건 사기! 개발청사진이 단단한 상황에서 서류를 보지 말라는 것이지 투자 시 무조건 토지이용에 관한 서류를 무시하라는 건 아니다.

● 공부(公簿)로 위치파악 힘들다

부동산은 위치가 매우 중요하기 때문에 건폐율과 용적률 자체가 평가 기준이 되어선 안된다. 부동산 크기만 크며 뭐하랴. 활용가치가 낮다면 크기는 무용지물에 불과한 것이다. 건폐율과 용적률의 위치는 공부(公簿)로 확인할 수 없다. 토지이용계획확인서와 지적 및 임야도로 부동산 위치를 가늠 하려는 행동은 무모한 것이다. 현장답사가 반드시 필요한 이유다.

하나, 개발 위치 가늠이 가능하나, 초보자가 개발청사진을 바탕으로 현장을 확인하는 과정에 잡음이 쉽게 들어갈 수 있다. 판단력이 흐려질 수 있다. 개발 위치와 더불어, 사람 상태, 인구상황을 견지하지 않으면 안 되기 때문이다. 사람들을 만나는 과정에서 잡음이 들어가기 마련이다.

개발 위치가 좋다고 오지가 갑자기 비오지, 상업지로 변환되는 건 아니다. 자연환경, 즉 입지가 곧 위치 아니랴. 젊은 인구 급증지역이 개발 위치로 최적격. 젊은인구 활동영역이 넓기 때문이다. 잠재력이 높은 이유다. 갈수록 비경제활동인구인 65세 이상은 급증세이지만 생산가능인구 등 젊은 인구는 급감세다. 아이 적게 낳는 시대 아니랴. 그렇지만 외형상으로는 노인보다 젊은 사람들이 훨씬 많아 보인다. 소비인구가 주로 젊은층. 인구급증세로 보아 압도적으로 가파르게 급증하는 노인인구 대비 젊은 인구는 급감세이지만 그들의 활동반경은 노인 대비 훨씬 넓다. 노인인구보다 더 많아 보이는 이유다. 소비인구다.

노인 입장에서 서운하게 여길지 모르겠지만 노인인구를 소비인구라고 하지 않는다. 생산인구 역시 젊은층에 몰려 있는 법. 산업경제활동인구가 주거생활인구보다 화력이 더 클 수 있는 것이다. 직주(職住)상태의 화력은 크다. 주거 및 고정인구가 겹치는 상황일 테니까.

여하튼, 공부로 확인이 불투명한 점은, 정밀한 현지답사과정을 통해 알아볼 필요 있다. 인구상황을 견지하는 것이 공부 확인하는 것보다 훨씬 정확도가 높고 투명하기 때문이다.

'학교 위치와 아이의 미래 위치'

학교시설의 기피시설은 여러가지다. 아이들은 보호대상이니까. 기피시설 중 한 가지를 꼽자면 날로 급증하는 모텔일 것이다. 간통죄 폐지로 더욱더 늘어나는 것 같다. 더욱이 이혼과 별거, 솔로족도 급증하는 바람에 바람 피우는 인구가 급증함으로 말미암아 모텔산업 부흥시대가 오지 않을까 싶다.

학교시설과 유흥시설(성인 대비 아이에겐 유해시설로 치부)이 함께 자리를 차지하는 경우가 다반사다. 공존하는 입장이다. 학교 가치는 떨어지지만 인근 상업시설 가격은 오름세를 유지한다. 아이의 미래(가치)와 다르게 학교 몸값은 급등한다. 학교 위치에

따라 학교 가치와 가격을 더 신경 쓰는 학교관계자도 있는 게 사
실. 정화구역으로 지정되면 뭐하랴. 그 반경만 벗어나면 아이들
입장에서 온갖 유해, 혐오, 기피시설물이 성황을 이루는 판국 아
니랴.

　어린이 식품안전보호구역 역시 매한가지다. 법적 반경만 벗어
나면 신세계다. 학교 위치가 아이의 미래를 바꿔놓는다. 주변이
고급주택단지로, 혹은 크고 작은 도서관이나 박물관, 문화재 등이
포진된 상황이라면 그 분위기에 따라 학구열이 샘솟을 것이지만,
학교 위치가 유해시설물과 가깝다면 현장분위기가 개별적으로
위기로 변화될 수 있는 것이다. 아이 시선이 고정된다. 집창촌이
나 모텔촌을 끼고 있는 학교에 다니는 아이들은 눈이 고정되어 있
다. 고정관념이 엄습한다. 눈 불감증에 시달린다. 자연스럽게 보
는 눈이 한정되어 있다보니 다양한 눈을 가질 수 없다. 잠재력 펼
칠 나이에 한정된 사물에 눈이 고정되어 진보적이지 못하다. 학교
위치에 신경 쓰지 않는다면 대한민국 미래는 암흑과 같을 거다.
애초 위치가 좋았지만 (아이들 입장에서) 유해인구 폭증에 따라
각종 유해시설물이 들어 왔다면 학교 이전을 빠른 시일 내에 적극
검토해야 할 것이다. 법으로 막지 못할 바에야 차라리 이전이라는
처방책을 쓸 수밖에 없는 것이다. 규제나 공법 등은 쉽사리 해결
점을 찾지 못하나, 이전이라는 방법은 언제나 상용 가능한 법 아
니랴.

모텔 디자인이 어린이집처럼 생긴 경우도 태반 이상이다. 어린이들이 착각할 정도로 모텔 외모가 어린이집 외모와 흡사하다. 아이들은 자신의 눈을 의심할 여유가 없다. 도덕과 윤리는 부동산 가치를 끌어 올릴 수 있지만 부동산 가격은 떨어뜨리는 역작용을 한다. 그러나 질 높은 인구는 부동산 가치와 가격을 함께 끌어올린다. 좋은 아이는 좋은 위치의 학교에서 발굴, 발견+양성된다. 아이의 미래 위치가 달라진다. 환경에 예민한 게 아이와 부동산인 것. 학교 위치가 안 좋다면 그 학교에 근무하는 모든 이들 머리도 정상적이지 않을 수 있다. 도덕불감증에 시달려 도덕과 비도덕을 구별하지 못하는 무뇌한 인간으로 전락될 수도 있지 않을까. 이런 영향을 감수성이 한창 예민한 아이들 뇌에 전달, 전염될 지 모른다. 학교시설과 모텔은 물과 기름처럼 처음부터 궁합이 맞지 않은 법. 마치 물과 전기와의 만남처럼 위험하기 때문이다. 감전사고는 언제든지 일어날 수 있다.

학교는 줄고 모텔은 늘고 있다(모텔 공급과잉현상이 일어나고 있다. 학교는 통폐합하는 현상도 벌어지는 판국인데 말이다). 아이 적게 낳는 시대에 간통죄가 죄가 아닌 정당화 되는 시대의 대표적 패악, 폐단이리라.

'인구구조와 지역랜드마크'

유명한 교회의 특징은, 교인의 질적 가치가 높다는 것이다. 몸값이 비싼 유명인사가 장로 직분을 가진 경우 그 교회 위상은 높아진다. 예를 들어, 전직 대통령이나 국회의원 등이라면 유리하다.

유명한 빌딩이라고 크게 다를까. 유명인사가 빌딩주인이든가, 아니면 빌딩입주자라면 그 빌딩은 자연스럽게 유명세를 탈 것이다. 연예스타가 빌딩주인이라면 금세 소문이 퍼진다. 부동산의 유명세는 새로운 가치 및 가격을 분출한다. 땅도 매한가지 입장이다. 내 땅 인근 지주들 모습을 정밀히 살필 필요 있는 이유다. 전직 대통령이 지주든가, 유명연예인들이 지주들이라면 내 땅도 덩달아 화제가 되어 곁다리 식으로 유명세를 탈 수 있다고 본다. 내 땅 인근에 국회의원 땅이 존재한다면 내 땅에 힘이 잔뜩 들어갈 터. 정치인은 정보에 눈이 밝은 자 아닌가. 그렇게 보는 게 일반적인 사견이다.

인구의 질과 가치가 부동산 질을 변동시킨다. 즉 가격상승세를 주도 할 수 있는 것이다. 노숙자 분포도가 넓은 곳은 어떨까. 일장일단이 있다. 노숙자들이 모이는 곳의 특징 때문. 그들은 유동인구가 많이 몰리는 곳에 몰린다. 서울역 일대엔 다양한 노숙인들이 거리를 배회하고 실내를 메운다.

부동산 가치는 인구와 연관되다 보니 대부분의 사람들로부터 공실률 낮은 빌딩은 인구의 질적 가치가 높은 곳으로 인정 받는다. 지주의 질적가치가 높다면 휴한지, 놀고 있는 땅은 적을 수밖에 없다.

화려하고 규모가 큰 지상물만 지역랜드마크가 되는 건 아니다. 특별한, 특이한 인구구조가 더 중요하기 때문이다. 인구의 질적가치가 중요하다. 지상물만 랜드마크 역할을 이행하는 건 아니다. 비경제활동인구보다 생산가능인구(15~64세)의 다양성이 지역랜드마크가 될 수 있을 것이다.

비어 있는 마천루가 존재한다면 그건 지역랜드마크가 아닌, 지역애물단지일 터. 하나, 꽉 찬 작은 부동산들이 넓게 분포되어 있다면 그 부동산은 지역랜드마크 역할을 톡톡히 수행할 수 있을 것이다. 다양한 지상물 구조 대신 다양한 인구구조가 지역랜드마크 역할을 하는 것이리라.

다양한 지상물 구조가 반드시 다양한 인구구조를 분출하는 건 아니다. 투자자가 반드시 견지하지 않으면 안 되는 부분이다.

'(가장 강력한) 투자의 재료'

땅투자는 개별적으로 투자자의 느낌으로 움직이는 것이다. 제 육감 통해 움직인다. 결정사안이다. 땅 투자 시 현장감도 매우 중요한 사안이다. 현장답사 시 현장감을 직접 느낀다. 대형지도나 지적 및 임야도 보고 현장감을 느끼기는 힘들다. 토지이용계획확인서나 위성사진 통해 현장감을 제대로 느낄 수는 없는 것이다. 시각적으로만 느낄 수 있는 것은 서류다. 귀, 입, 코, 눈 등으로 느끼지 않으면 안 된다. 그 기능 활용이 중차대한 것이다. 냄새로도 판단한다. 판별한다. 공장매연냄새가 그 좋은 실례. 물리적 환경은 삶의 질과 연관있다. 실수요자들에겐 악재나, 투자자는 별 상관 없다. 돈사나 목장 등으로 현장분위기를 정독하기도 한다. 소리로도 본다. 감지할 수 있다. 공장 돌아가는 소리로 현장분위기를 본다.

뜬소문(개발사안을 체크하는 사람의 목소리)이나 새소리(대자연을 노크하는 큰소리)에 예민할 수 있다. 눈으로 확인하는 것은 한계에 부딪친다. 혐오 및 기피시설을 본다. 그러나 혐오시설도 그 차이가 심하다. 장애인시설물의 장점도 있기 때문이다. 인구유입효과가 크고 장애인시설물 규모도 무시할 수 없는 것이다. 장애인시설의 공실률은 높지 않다. 항상. 아마 그 점이 장점이 될 것이다.

동네 주민의 입모양(새 소식)도 주요 관심사. 주민 얼굴 표정으로 지역분위기를 감지할 수 있다. 땅값 올라가는 소리가 곧 입 돌아가는 행동 및 과정들 아니랴. 단, 현장분위기는 참고사항. 현장이 절대적으로 미래 지표 역할을 할 수 있는 건 아니니까.

시군청의 소리와 반응도를 본다. 읽는다. 100% 정확하지 않다. 부동산 중개업소들 소리와 반응을 본다. 읽는다. 역시 부정확하다. 현장분위기가 해답, 정답은 아닐 터.

용도지역이나 용도구역과 현장감은 거반 무관하다. 접근성도 역시 매한가지.

투자의 재료=현장감+접근성+개발청사진과 조감도+부동산 공법 등

투자의 재료를 발명하고 발견하는 사람이 있다. 개발 재료를

발견한다. 목격한다. 투자의 재료가 많을수록, 개발재료가 많을수록, 즉 중첩개발이 유리, 유익할 것이다.

'개발자료'가 '개발재료'는 아니다. 신빙성이 100%가 아니니까. 개발의 다양성이 개발의 타당성(당위성, 필요성)을 절대적으로 보증하는 건 아니다. 중첩개발이 모두 성공한다고 확증할 수 없기 때문이다.

가장 강력한 투자의 재료 - 작지만 실용적인 개발청사진, 즉 현실적인 개발사안. 작은 부동산이 화두인 지금의 부동산 시장에 딱 맞는 것이리라. 소형가구 급증세와 딱 맞는 사고다.

가장 허약한 투자의 재료(불안한 재료) - 허황한 개발청사진. 화려하고 크나, 진행이 더딘 경우

땅 투자자가, 공부하고 나서 연구분석과정을 밟아야 하나, 바늘 허리에 실을 삽입하려는 무모한 행동을 하는 경우도 다반사. 연구분석부터 하면 실패확률이 높아진다. 판단력이 낮아지니까. 단계가 바뀐 상황. 공부 후 연구를 해야하건만, 연구부터 하려니 문제. 주객전도현상이 위험해보인다. 현장공부가 주가 되고 나서 현장분석절차에 들어가는 게 정상. 정도를 걷는 것이다.

'땅값 오르는 모토'

땅 투자하는 이유 - 땅값이 떨어지기 쉽지 않은 이유가 다양하기 때문이다. 언제나 상승할 이유가 하락할 이유를 압도한다. 개별적이기 때문이요 개발청사진이 멈춘 적이 없기 때문이다. 쉬지 않는다. 노는 땅은 있을지언정 개발계획이 쉬고 있는 적은 없다. 정부(국토부)와 대통령, 그리고 각 지자체 단체장 등 위정자들 입에 의해 움직인다. 정기적인 국가 대사인 선거의 바람도 한몫 단단히 하고 있는 실정.

다양한 개발구도와 난개발시대, 전원 및 귀농시대, 그리고 장수시대에 맞춰 자유롭게 미래를 구상할 수 있다.

장수시대 - 투자의 연령대가 파괴되어 그 범위가 광대해졌다. 투자연령대가 광범위해져 60세된 사람을 노인 취급하면 안 된다.

지방시대 - 지방분권화시대와 지방자치시대. 국토균형발전을 습관적으로 강조하지만 그건 꿈 같은 얘기. 수도권과 비수도권이 절대 같은 수준이 될 수 없기 때문이다.

국토불균형의 또 다른 이유는, 규제의 다양성 때문이다. 건폐율과 용적률의 다양화를 인력으로 막을 수는 없다. 부동산의 공정성을 회복하는 건 불가능하기 때문이다. 국토의 불균형은 계속 된다. 국토균형발전이 현실화 된다면 부동산 부자와 부동산성공자가 국토 곳곳에서 속출할 것이다. 아니, 가수요자가 사라질 것이다. 시장이 파괴 될지도 모른다.

결국, 땅 투자하는 이유는, 땅의 장점의 다양화인 것이다. 맹점 대비 매력포인트가 훨씬 많다. 규제 대상이 땅이지만 해제 대상도 땅인 것이다. 폭등현상이 자주 일어날 수 있는 연유다. 개발행위엔 반드시 규제 해제 행위가 따르기 마련이다.

땅값이 주기적으로 오르는 이유 - 국토의계획및이용에관한법률에 의함보단 선거에 관한 기대심리가 큰 편이다. 선거를 민주주의 꽃이라고 하지 않는가. 4~5년 주기로 각종 선거를 실시한다(국토의 변경은 사정상 하지 않을 수 있지만, 선거를 생략한 적은 한

차례도 없다). 개발공약이 다양한 각도로 분출, 난무하는 상황. 기
대감을 포기하지 않는 연유다. 지방자치시대의 패악도 생긴다. 매
년 재보궐선거를 실시한다. 여러 곳에서 동시에 실시한다. 동시에
개발공약을 던진다. 난개발의 원인이다. 공약난발이다. 어쩔 수
없이 땅값은 움직인다. 개발공약이 곧 땅값상승세 아니랴.

결국, 4~5년 주기로 땅값이 오르는 것 아닌가. 1년에 한 두 차
례 오를 수도 있다. 위정자와 정치인들 비리로 인하여 재보궐선거
를 매년 실시해서다.

공약난발이 곧 공급과잉. 공급과잉 속에 거품가격이 발현한다.
땅값이 오를 수밖에 없는 이유다.

'실수요와 투자지역으로 구분하기'

국토라는 거대 공간엔 용적률과 건폐율이 상존한다. 크기가 작고 크다. 몸무게와 신장이 말이다(국토균형발전을 위한 개발 운운하는 위정자는 위선자. 균형보단 불공정에 가깝기 때문이다). 실수요처와 투자처, 그리고 실수요 겸 투자처로 구분할 수 있다. 국토라는 거대 공간 속엔 실수요자와 가수요자가 존재한다. 국토안엔 자연이 대부분.

그러나 관광지(녹지공간), 주거지, 상업지, 공업지로 대별하기 마련이다. 관광지는 제주와 강원, 그리고 전남 일부지역에 밀집된 상황. 이 지역 특징은 고정인구가 적을 뿐더러 계속 감소세라는 점이다. 여성이 남성보다 많고, 비경제활동인구가 인구의 주축이다. 여성수명이 남성수명보다 훨씬 길기 때문에 여성이 더 많은 것이다.

　관광지는 실수요처로 보는 게 순리. 안정세다. 고정인구가 유동인구보다 훨씬 적은 상황이라서다. 유동인구수는 계절 따라 불규칙적이다. 예상이 힘든 경우도 있다. 부유층이 휴양 목적으로 보유하는 경우가 많은 이유다. 범민들이 실수요 목적으로 들어가면 위험하다. 버티기 힘들다. 대표적인 관광지역은 비수도권지역인 지방에 밀집되어 있지만 수도권지역엔 고정인구가 많다.
　이러다 보니 수도권엔 관광지도 있고 주거지와 상업지와 공업지도 풍부한 입장. 다양하다. 잠재가치가 지방 대비 클 수밖에 없어 투자자가 집중 몰리는 현상이 발현하기 마련. 국토균형발전현상이 일어날 수 없는 이유다.

　수도권 = 관광지+주거지+상업지+공업지 공존상태

　제주와 강원지역의 특징 - 광역시가 없다. 충청지역과 전라도, 경상도는 각기 대전광역시, 광주광역시, 부산광역시 등이 있지만 제주와 강원지역은 광역시가 없다. 관광지역이라는 특성 때문이다. 주거인구 대비 유동인구가 훨씬 많은 지경 아니냐. 개발로 인하여 자연환경이 파괴되면 지역특성을 상실하고 마는 것이다.

국토는 용도와 지목으로 구분한다. 분류한다. 차별화가 가능한 덕목.

국토 = 도시지역(16%)+비도시지역(84%)

도시지역은 주거 및 상업지역, 공업지역, 녹지지역으로 구분하여 비도시지역과 대비된다.

국토 = 농지(20%가량)+임야(64%)+⋯ ⋯+학교용지+잡종지+종교용지 등 총28개 지목으로 채워진다.

비도시지역 중 도시지역 후보지역이 분명코 존속하기 마련(과거 준도시지역 모형과 흡사).

현재의 관리지역 = 과거 준도시지역+준농림지역

현재의 농림지역 = 과거 준농림지역 성격과 흡사

잠재가치 높은 용도지역인 경우 - 예) 광범위한 도시지역 내 작은 공간의 비도시지역(추후, 도시지역으로 용도가 변환될 가능성이 지배적이기 때문)

'강남부자가 노리는 부동산은 어디에 있는가?'

　부동산 가격의 꼭짓점+정점이라고 말할 수 있는 강남지역도 투자지역이라고 말할 수 있다. 여전히 대한민국을 대표할 수 있는 잠재력이 가장 높은 곳이 강남이기 때문이다. 잠재성을 적극적으로 인정하는 자들이 많다. 강남지역 대비 훨씬 가격이 저렴한 강북지역보다 강남이 거품가격의 인상이 강하지만 여전히 투자가치엔 의심의 여지가 없다. 가격에 앞서 가치를 스스로 인정하는 인구가 풍부한 것이다. 돈이 풍부하다. 상업활동반경이 넓다는 증거다. 젊은 소비인구가 집중적으로 몰려, 투자가치가 여전히 높은 것이다.

강남지역은 투자의 법칙을 무시한다. 경제이론보단 실질적이고 현실적인 현장 모형을 따르기 때문이다. 투자가 반드시 최소비용으로 최대효과를 노릴 수 있는 건 아닐 거다. 그러나 최소비용이란, 그 개념과 기준이 애매모호한 편. 기준점이 개별적으로 확연한 차이가 있을 수밖에 없기 때문이다. 강북사람의 투자액과 강남지역사람의 투자액이 상이하다. 격차가 심하다. 전 재산의 4분의1, 혹은 3분의1이 투자금액 기준일 수 있고, 각자 개별적으로 재산액이 다른 상황이다. 어떤 자는 2억 원이 소액투자금액일 수 있지만 어떤 이에겐 2천 만원이라는 투자금액이 개인적으로 큰 부담으로 작용할 수 있다.

돈이 돈을 버는 세상. 강남지역에서 생긴다. 배경을 돈으로 사는 세상이다. 전국에서 강남지역의 땅은 희소가치가 가장 높다. 판교신도시 인근 땅의 인기도가 높다. 강남부자가 아니면 누가 언감생심 냄새 맡을 수 있으랴.

수도권 인기지역 역시 강남부자들이 이동한다. 그들 움직임에 가격이 뛴다. 신도시 아파트나 상가의 떴다방이나, 개발청사진이 화려한 곳을 마구잡이식으로 노리는 기획부동산들이 움직이는 동선과 거반 비슷할 수 있다는 점이 맹점 중 맹점. 강점이 될 수도 있다.

강남부자는 수익형부동산에 눈독들이기 마련이다. 강남사람들끼리 논다. 유유상종한다. 당연히 강남3구 지역의 소형상가용빌딩은 수익률도 안정적이지만 시세차익도 노릴 수 있다. 임대, 임차인 모두 강남인인 경우가 태반 이상. 월세 때문에 고충 겪는 일이 매우 적은 이유 중 한 가지라 할 수 있다. 강남의 인구 질이 높은 것 같다. 강남에서 강북으로 이사하는 경우는 있을 수 있지만 강북인이 강남으로 전격 이사하는 경우는 흔한 일이 아니다.

강남부자들은 여전히 강남지역을 노린다. 오를 만큼 올랐건만 상승세에 대하여 그 믿음감이 강하다. 부동산1번지가 강남이요 규제 강도가 몹시 심했던 참여정부 때 아파트 평균상승폭은 2배였다. 가히 충격적이었다. 예상 밖의 일이 생겼기 때문이다. 강남은 규제와 상관없는 지역인 것 같다. 양도소득세를 비상식적으로 과세해도 진정한 땅 투자자는 강남지역에서 반출. 규제라는 걸림돌을 무시하고 폭등하는 바람에 강남부자가 두 배 이상 늘고 만 것이다. 규제도 무용지물. 투자자의 의지를 꺾을 수 없다.

강북지역과 강남지역의 차이는 용도. 용적률(부동산의 신장)에 따라 가치가 변하니 어쩔 도리가 없는 것. 빈 땅에 업무 및 상업공간을 채울 수 있는 상황의 강남과, 빈 땅에 헌 집 헐고 빌라 짓는 강북은 계속해서 부동산으로 인한 빈부격차, 편차에 가속이 붙을 수밖에 없다.

강남부자가 위치를 따질 때 개미들은 수익률부터 따진다. 개미들이 용도를 따질 때 강남부자는 여전히 입지(자연환경)에 대한 고민을 한다. 분석과정을 거친다.

강남부자들에게 시기질투하는 대신 그들만의 세계를 정독+정복하고야 말겠다는 굳은 의지와 노력, 습관이 긴요한 때가 아닌가 싶다. 그들 급소를 견지하면 좋은 일 아니랴. 무조건 부자를 투기꾼으로 인지하면 소모전을 크게 하는 거다. 평생 가난을 낙으로, 직업으로 사는 것이다.

부록(총정리)

'괄목상대할 땅의 요건'

1. 현재가치와 미래가치를 함께 견제할 수 있는 여유(공간이)
   있는 땅 - 과거는 미래의 지표가 될 수 없으나, 현재는 미래
   의 재료로 사용할 수 있다. 과거는 여유가 없는 상태지만 현
   재는 여유공간이 존속해서다. 과거의 성공사례가 미래 가늠
   자는 아닌 법. 작은 창고 역할을 할 수 있겠지만 말이다. 참
   고자료에 불과한 것이리라.

2. 용도 배분이 적정한 땅 - 개발지역의 위치와 더불어, 용도지
   역의 적절한 위치 선점이 매우 중요하다. 녹지지역에 상업시
   설이 들어간다면 선점+설정과정이 잘못된 상태. 예를 들어,
   주거시설이 들어설 위치에 엉뚱하게도 상업시설물이 들어선

다면 해당 부동산 미래는 불투명하다고 할 수밖에 없는 것이다. 자리가 뒤바뀐 상태는 불안정적이다. 용도가, 용처가 뒤바뀐 상태 아닌가. 용도가 계획대로, 기획대로 입성해도 시원치 않은 판에 이게 말이 되는가.

3. 역세권 거리보단 역세권 위치가 더 중요하다. 거리가 접근성과 직접적인 영향을 미칠 것 같으나 실상은 위치가 접근성을 대변하는 법. 언제나 거리는 위치보다 뒤다.

역세권(예. 500미터 범위 내)은 거리와 거반 무관하기 때문이다. 500미터 내외라도 지역경제에 영향을 미칠 만한 시너지효과가 약하다면 역세권 효과는 낮은 것. 1000미터 이상 떨어진 상태에서도 경제적 파급효과가 큰 경우도 있을 수 있다. 역세권 내 용도변경이 안 되어도 땅값이 오르는 경우도 부지기수다. 예상 외로 현장감이 높고 인구가 늘어나기 때문이다. 녹지공간역할이 무조건 홀대 받는 조건은 아닌 법.

예) 두정역 일대 - 자연녹지지역상태, 신내역 일대 - 자연녹지지역 및 개발제한구역 상태

4. 실수요자(주거 및 고정인구상태)가 존재한다면 투자자가 반드시 존재한다. 그러나 투자자(가수요자나 떴다방의 움직임)가 있어 실수요자가 발현하는 경우는 극히 드문 상황. 실수요자와 가수요자가 부분적으로 오버랩 되어 다양한 인구들이 움직이는 경우, 안전구도를 걸을 만한 투자가 될 것이다.

5. 내부변수와 외부변수 함께 보기 - 서류와 개발청사진이 내부

변수라면 외부변수는 내 땅 인근의 외부세력이나 현장분위기와 관련 깊다. 실활용자는 현장상태에 예민하기 마련. 서류가 그다지 중요하지 않기 때문이다. 그러나 투자자는 서류와 청사진을 함께 조율하는 게 유리하다. 다만, 서류는 참조사항에 불과할 터. 청사진이 더 중요 변수로 떠오를 수 있어서다. 실수요자는 상수(고정성)에 의해 매수과정을 밟고 투자자는 변수에 매력 크게 느껴 그에 의해 움직이는 것 아니랴.

6. 땅의 잠재성의 기준, 잣대 - 지상물 구조보단 인구구조로 움직이지 않으면 안 된다. 결코, 유동인구가 잠재성 기준이 되어선 안 된다. 불안한 구조가 이어지기 때문이다. 변수가 많다. 들쭉날쭉하다. 지역 잠재력은, 젊은 인구와 주거 및 고정인구 상태로 견지해야 한다. 생산가능인구, 젊은 인구가 노인인구보다 지역 잠재력을 가늠하는 모토가 될 터.

7. 고정인구가 확보된 상태에서 택지 조성이 이루어지는 지역은 안정적이지만 역사 형성에 따라 인구확보과정을 밟는 경우는 불안정적이다.

역세권에 변수 상황이 많은 이유 - 잠재력과 속력이 높아서다.

버스보다 전철속도는 빠른 이동수단. 난개발만 해결한다면 투자처로 최적격인 곳이 역사예정지다.

8. 위치가 생명 - 가격 위치가 적정하고 물건 위치가 탁월하면

안정적.

희소가치 높은 부동산의 기준 - 위치가 생명

9. 화려한 지상물이 사치스럽다는 것은 아니나, 비어 있는 지상물이 문제. 현장감 볼 때는 내외부 사안 모두 체크해야 한다.

광의의 내부사안 - 인구상태

외부사안 - 지상물 구조 및 배치상황

내외부 인구상태 - 내부인구는 고정 및 주거인구를, 외부인구는 관광 및 이동인구를 말하는 것

10. 가치의 의미를 알아보도록하자. 가치가 곧 잠재력. 하수는 가격에, 고수는 가치에 집중한다. 하수가 지역구분하는 방법은, 땅값 오르는 지역과 내리는 지역이지만, 중수는 도시지역과 비도시지역으로 구분한다. 고수는 접근성 높은 지역과 낮은 지역으로 구분. 접근성은 잠재력의 다른 포효 아니랴.

'괄목상대할 땅의 조건'

개발청사진의 나이에 대하여 관심 가져볼 만하다. 오랜기간 공중에 떠돌아다니는 빛바랜 낡은 개발청사진이 너무 많아서다. 난개발 시대, 개발청사진이 즐비하다. 개발청사진에 관한 정밀하고 정확한 타당성 검증이 시급한 지경.

현실감 높은 조감도와 현실감 있는 개발청사진 검증이 필요하다. 탁상공론식 개발청사진을 타파하고 현장실사 위주의 개발청사진이 주효하다. 효율적이다. 입지가 중요하다.

예) 자연환경상태

나이 많은 늙은 개발청사진(개발이 지지부진한 상태)은 청산대상. 대대적인 개혁이 필요하다. 투자자 입장에선 적색청사진과

보라빛 청사진을 구별할 수 있어야 한다. 단순한 장밋빛 청사진에 속지 말라. 공사 및 개발기간이 10년 이상 길어진다면 비상사태. 불안하다. 중도에 하차하는 사고가 발생하거나 중간에 개발 프로젝트가 변질될 가능성이 커서다. 변색된 개발청사진 공간이 문제. 사회문제를 넘어 국가문제로 잔존, 비화될 수 있다. 자손대대로 지역애물이라는 짐을 남길 수 있다. 예컨대 4대강 개발. 이는 대운하 축소판으로 변질된 좋은 실례다. 4대강을 요강에 비유하는 자도 있을 수 있어서다. 찬반여론에 이어 성패 여론도 거센 지경. 단기간 수조원 허비되어 낭비의 벽이 높다고 비판하는 사람이 있는가 하면, 성공한 개발사업이라고 극찬, 자평하는 사람도 있는 게 현실. 물론, 만든 사람들이야 성공사례라고 목소리를 높일 수 있는 법. 양비론이 극심하다.

이처럼 개발청사진은 지극히 이중적이다. 이슈화 과정을, 민주화+투명화 과정을 거칠 수 있지만 그 반대로 쟁점화 대비 백지화 사태가 벌어지는 경우도 있다.

차제에 투자자가 알아야 할 몇 가지 핵심사안을 요약, 기술하고자 한다.

1. 투자자 눈과 귀가 외부세력에 일방적으로 압도 당하는 일이 없어야 한다. 시각장애인이 되지 말아야 한다는 것이다. 청각장애인이 되면 안 되는 것이다. 보는 눈높이가 자신의 처지와 환경과 큰 차이점을 보인다면 무리수가 당연히 따르기 마련. 귀가 얇으면 위험하다. 판별 및 변별력이 낮아지

면서 오판이나 착각의 수렁에 빠진다면 헤어나오기 쉽지
않을 거다.

2. 땅을 바라보는 하수와 고수 눈은 확연하게 다르다. 고수는
현재와 미래를 함께 보기 때문이다. 미래는 개발을 의미한
다. 현재가 미래의 재료다. 과거가 미래의 재료가 될 수 없
다. 과거 역사 자료가 완벽할 수 없기 때문이다. 변질되거나
와전된 자료도 존재하기 때문이다.

3. 고수 앞에 보이는 투자요건 - 힘, 기술, 스피드, 체력
   힘은 정보력과 경제력을 의미한다. 기술은 노하우와 재테크
   비법을 말한다. 스피드는 환금성과 현금화 과정을 말하고,
   체력은 인내력을 의미한다.

4. 맛있는 부동산 - 실속형 부동산(=느낌이 팍 오는 부동산, 눈
   으로 투자하는 게 아닌, 가슴으로 투자하는 형태)
   멋있는 부동산 - 외형만, 디자인에 충실하는 부동산(형식주
   의에 집착)
   멋있는 부동산의 기준 - 난개발과 공급과잉과 외모지상주의
   표상
   맛있는 부동산의 실례 - 중소형아파트와 강남3구 중소형상
   가용빌딩(미분양 및 공실률이 낮은 부동산이다)
   멋있는 부동산 - 장식용 부동산에 불과하다. 공실률이 높을
   수 있는 키 큰 부동산(예. 개발청사진만 화려한 곳에 놓여 있
   는 마천루)

맛있는 부동산 - 실용성 높은 부동산, 공실률 낮은 키 작은 부동산(예. 역세권의 도시형생활주택)

맛있는 부동산은 불경기와 잘 맞는 부동산이다. 작금의 소형 부동산 시대와 일맥상통할 수 있기 때문이다. 맛있는 부동산의 매력(기준)은 또 있다. 거품이 빠진 부동산이어야 한다는 것이다. 아무리 실용성이 뻬어나도 거품이 심하다면 애물로 잔존할 수밖에 없기 때문이다.

5. 실수요와 투자 목적의 최종 목표점

실수요 명목 - 삶의 질에 투자

투자 명목 - 수익률의 극대화가 목표지만, 최종적, 궁극적으로 삶의 질을 높이기 위해 애써 투자하는 것이리라.

6. 부동산의 가치가 떨어질 수 있는 요인 중 하나 - 용도 배치, 위치에 문제점이 발생한다면 가치가 마구 떨어질 수 있다. 위치의 선정보단 선점이 우선. 선점이 더 중요하다.

용도 배분시, 선점을 못한다면 막다른 골목, 사각지대가 내 땅이 될 수도 있다. 마치 큰 필지의 땅을 분할 할 때 반드시 맹지가 생기는 것처럼 말이다. 최종적으로 막판, 낭떠러지로 몰리면 낭패본다.

7. 투자자가 결정할 사안은 총 세 가지.

1) 개발이슈가 있는 곳에 입성하는 것

2) 개발이슈가 없지만 인근 지주들 입장과 처지를 알아본 후 호가호위(여우가 호랑이 위세를 이용하는 것) 바라는 것 -

물어보기식 투자의 전형, 문답식 투자

  3) 접근성 낮은 지역이지만 호가호위 노릴 수 있는 경우 - 묻지 마 식 투자, 복불복 행태

8. 땅 투자 이유는 경기와 무관하다.

땅은 선택항목이기 때문이다.

집 - 편익시설 등 삶의 질을 보고 매수

땅 - 성질을 보고 투자

고수는 계절의 상황보단 부동산 본질을 보고 움직인다. 봄가을은 성수기요 여름겨울철은 비수기라는 고착관념이 없기 때문이다. 고수는 부동산 외적구조보단 내적구조에 따라 마음이 움직인다.

9. 집 - 공부(공적서류)보다 현장모형에 집중

땅 - 그 반대

집 - 현재가치에 투자

땅 - 미래가치에 투자

과거 가치가 현재 및 미래가치의 재료가 될 수 없다.

아파트 - 미분양 우려(환금성이 장애. 단, 아파트를 투자 목적으로 생각할 경우)

수익형부동산 - 공실 우려(역시 환금성이 장애. 단, 수익형부동산이 투자 명목일 경우)

땅 - 환금성에 관한 우려가 크다. 대신 미분양이나 공실의 염려는 단1%도 없는 상태

10. 규제의 의미

규제가 필요하다. 난개발 방지가 필요하기 때문이다. 대자연을 훼손하면서 개발축이 움직이는 모형 아니랴.

난개발 방지 - 환경오염을 줄이기 위한 방편. 단기성 규제가 필요

대자연 훼손 - 인간의 건강에 신경 쓰는 대목. 장기성 규제가 따른다.

규제 크기 = 부동산의 크기 = 활용 범위

규제의 의미 = 자연 훼손을 최소화+토지활용

적정비율 = 5:5(일반적)

규제가 크다면 7:3 비율의 구조를 이룬다(자연보호 : 사람보호)

11. 부동산 공부하는 이유 - 규제를 분석하고, 개발의 타당성을 검증하는 비법을 모색하는 과정을 정밀히 밟기 위해서다. 우리 국토가 규제가 많고 난개발 온상이기 때문이다.

12. 좋은 땅의 기준은 두 가지로 점철된다. 실수요자와 투자자가 공존하지 않는가. 실수요자가 있다면 반드시 투자자가 나타나기 마련. 고정인구의 가치가 이동 및 유동인구보다 높기 때문이다. 투자자(가수요자)가 있어 실수요자가 발현하는 경우는 드문 현상. 지역 투기세력을 보고 입성하는 자가 실수요자라고 단정 짓기는 힘들다.

13. 폐가가 존재하는 이유 - 집 위치가 형편 없어서다. 좋은 땅

의 조건이 집 지을 수 있는 땅이 되어선 안 된다.

14. 땅값이 웃는 경우와 우는 경우 - 혐오시설물에 우는 경우보
    단 개발에 대한 보편타당성에 실망감이 큰 법.

    혐오시설물 - 외부요인(우는 경우)

    개발에 관한 보편타당성 - 내부요인(웃는 경우)

15. 땅의 잠재성 기준(잣대) - 지상물 구조〈인구구조
    지역 잠재력은 인구구조가 모토. 유동인구가 지역 잠재력의
    모토가 되면 안 된다. 무의미하다. 지역 잠재력의 모토는 따
    로 있다. 젊은 인구와 주거 및 고정인구, 생산가능한 인구와
    젊은 인구의 증가세력이 진정 지역 잠재력 일 터.

16. 싼 땅이 팔릴 수 있는 두 가지 이유 - 묻어두기식 투자 지향,
    땅 소유욕 증대
    비싼 땅이 잘 팔릴 수 있는 모토 - 가치가 가격과 같다는 의
    식 때문. 가치와 가격이 정비례하기 때문이다.

17. 수도권이 세 개 지역으로 대별할 수 있는 이유 - 정비계획
    대상이므로 인천, 서울, 경기 등 33개 지역만 정비계획을 필
    요로 한다. 상대적으로 먹을 것이 적은 비수도권은 정비계
    획조차 없는 지경. 인구 및 부동산 구조가 수도권 대비 저
    조, 부실한 편이다. 수도권지역은 토지이용계획상 성장관
    리권역과 자연보전권역과 과밀억제권역으로 구분한다. 사
    람 및 시설물을 보호하고 자연을 보호하는 입장.

18. 부동산 가치와 가격

가치는 눈에 잘 보이지 않는다. 가치가 곧 잠재력 아니랴. 가격은 눈에 잘 보인다. 자주 변할 수 있다. 가치는 한번 정해진 기준이 변하기 쉽지 않다.

고수는 부동산의 주변 지상물보단 주변 인물을 보고 움직인다. 잠재력을 바로 보는 잣대가 인물, 인구 아니겠는가.

19. 용도지역 통한 잠재력 체크의 예)

광범위한 농림지역에 속한 소형 관리지역의 잠재력은 기대감이 낮다. 그러나 광범위한 관리지역에 속한 소형 농림지역의 잠재력은 기대감이 높다. 부동산의 연계성과 잠재성에 따라 농림지역이 비교적 빠른 시일 내에 관리지역으로 바뀔 가능성이 높기 때문이다.

20. 하수가 되지 말자. 군중심리에 취약한 자가 하수이기 때문이다.

'기초'를 소중히 여기는 자 - 고수(내실에 집중하는 자)

'최초'를 소중히 다루는 자 - 하수(예. 최초로 00식 개발) 외형에 집착하는 경향이 있다.

땅값상승예상지역(2016~2020)

집값과 달리 어지간해선 땅값은 폭락하지 않는다. 크고 작은 산림 및 맹지천국 대한민국 아닌가. 바닥시세가 대부분이다. 희소가치 높은 개발지역은 일부분이기 때문(개발 난무 중에 말이다).

땅값은 작은 것에도 예민하다. 땅값이동요소는, 인구와 용도 관계일 것이다. 용도가 변했다고 해서 반드시 인구유입이 원활한 건 아니다. 용도가 변하지 않았지만 꾸준히 젊은 인구가 늘어날 수도 있기 때문이다. 인구가 용도를 압도할 수 있다는 것이다. 수도권 투자가 유리한 이유다.

2016~2020년 사이 땅값상승세가 대단할 것으로 예상된다. 대부분 이 시기에 각종 개발사업이 종료되기 때문이다.

기대할 만한 곳은 경기 및 충청지역, 그리고 강원 일부지역으로 점철된다.

지역가치가 높다 할 수 있는 지역은, 경기 광주, 김포, 남양주, 여주, 이천, 평택, 하남, 화성, 당진, 아산, 홍성, 청주, 춘천, 원주 일대 등이다.

도로와 철도 힘이 지역발전과 반전의 기폭제 역할을 단단히 할 게 분명하리라.

여주선과 서해선의 존재성이 여러 변수를 발현할 것이다. 두 선으로 말미암아 충분한 주거인구를 확보할 수 있을 것으로 보인다. 그리고 주거인구 증가세가 지역경제활성화에 큰 동력이 될 것으로 전망된다.

여주선 개발 중 가장 많은 역사를 보유하는 광주(4개 역사)에는 제2영동고속도로(원주 가현동~광주 초월읍)가 연장 57km로 건설된다. 2016년 4차로로 개통할 예정.

직접 교접할 수 있는 곳은 광주와 여주, 양평, 원주 등이다. 여주선과 더불어, 성남~장호원 도로건설(성남~광주~이천)도 기대감 큰 이슈거리. 총연장 61km 중 광주에만 22km가 관통하기 때문이다. 완공시점은 2017년.

1공구 - 성남시 중원구 여수동~광주 태전동(10.9km)

2공구 - 광주 태전동~초월읍 용수리

3공구 - 초월읍 용수리~곤지암읍 부항리

4공구 - 곤지암읍 부항리~이천 백사면 오전리

5공구 - 이천 백사면 오전리~대월면 부필리(12.2km)
6공구 - 대월면 부필리~장호원 풍계리(15.2km)

한강신도시의 김포는, 수도권 군사시설보호구역의 대명사라 할 정도로 군사시설보호구역이 넓게 분포되어 있지만(80.98%. 통제보호구역:제한보호구역=14.71%:66.27%), 경전철개발사업에 대한 기대감이 높은 곳이다. 장기지구와 김포시청, 풍무지구 등을 경유한다(23km). 오는 2018년 완공예정이다.

다산신도시가 건설되는 남양주엔 별내선(암사~남양주)과 진접선(당고개~진접)이 입성할 예정. 별내선(11.3km)은 서울 강동구 암사동에서 경기 남양주시 별내면을 지나간다. 2022년 개통된다. 진접선 개발길이는 14.78km. 서울 노원구 상계동에서 진접읍을 연결하는 노선으로, 오는 2019년 개통예정이다.

여주선 종착역 여주는, 여주~원주선이 들어선다(21.9km). 강원도 원주시 학성동에서 경기도 여주시 교동이 수혜지역. 2020년 완공예정이다.

여주선 이천은 세 개 역사가 들어온다.

이천은 양평~이천고속도로사업에 기대하는 입장. 22km길이에 경유구간은 양평군~광주시~여주시 일대이다. 준공예정은 오는 2017년이다. 아직 수도권 오지 굴레에서 벗어나지 못한 이천의 주택보급률은 105%를 육박한다. 도로포장률은 67% 남짓. 대기업 19개를 포함해 기업체 수는 총938개이다.

경제신도시의 표상 평택은 서해선 안중역이 입성하는 곳. 평택~부여~익산민자고속도로도 139km길이로 건설된다. 오는 2020년도 완공목표다. 경유지는, 포승~안중~현덕~인주~예산~청양~부여~동익산~익산 일대다.

또한 경부고속선에도 기대감 갖을 만하다. 건설구간은 평택~오송간(47.5km)이며 완공시점은 2020년이다.

고덕국제신도시개발에 대한 기대감이 매우 높은 평택은 1995년 이후 외국인 인구가 17배가량 증가했고 내국인 인구는 약20만 명 증가했다.

고덕신도시 개발면적은 총1342만 제곱미터. 입성인구는 약13만 명 수준. 54,000세대가 입주할 수 있는 규모다.

옛 경기도 광주 일부분이었던 하남은, 지하철 5호선 연장을 추진 중이다(상일~검단산).

서울 강일역에서 하남 창우동 검단산역을 거친다. 총연장 7.725km 중 하남시에는 6.609km가 지나가며 오는 2018년 완료될 예정이다.

서해선 화성엔, 수원~광명고속도로가 건설되는 데 그 길이는 27km. 구간은, 봉담~호매실~입북~대야미~목감~가학~기아~소하 일대다. 2016년 4월 개통예정이다.

화성은 서해라인 중 가장 많은 역사가 입성한다. 세 개 역사가 들어온다.

서해라인 중 하나인 당진(합덕역)엔 당진~천안고속도로사업이 진행된다. 43.2km길이에 수혜지는, 천안시 동남구 풍세면에서 당진시 송악읍 일대다. 주요 경유구간은, 당진~아산~천안 일대. 오는 2020년 완공된다.

아산 역시 서해라인 중 하나. 인주역이 지나간다. 아산엔 서해산업선(78km)이 지나가며 경유구간은, 아산시 인주면~안동시 안흥동 일대다. 2020년 완공된다.

아산 배방신도시 규모는 총367만 제곱미터. 계획인구는 26,000명 수준(약8000가구). 수혜지는, 천안시 서북구 불당동과 동남구 신방동, 아산시 탕정면과 배방읍 일대다. 2016년 12월 완공예정이다.

전체인구 310,882명(2015.12.8)의 아산 내 기업체 수는 총2,188개. 거기에 종사하는 근로자(노동인구)는 97,455명(2014.12기준).

내포신도시가 입성하는 홍성 역시 서해안선 중 하나로 종착점. 환승된다.

내포신도시 규모는 9,951,729제곱미터. 계획인구는 10만 명 수준(38,500세대).

수혜지는, 예산군 삽교읍 및 홍성군 홍북면 일대다. 2020년 완공.

인구 831,635명(2015.11현재)의 청주엔 호남고속철도가 들어선다. 충북 청주시 흥덕구 오송읍 일대와 전남 목포시 호남동이 직접 수혜지.

구간은, 오송~익산~광주 송정~목포(249km). 용산~오송구간은 기존 경부고속철도를 이용한다. 개통예정은 오는 2017년.

경춘선의 춘천은, 제2의 수도권이라 할 정도로 접근성이 빼어난 수도권 대표 관광지역. 용문~춘천선(49km)이 입성한다. 구간은, 춘천 근화동~경기 양평군 용문면 일대다.

또한 춘천~속초선(91.8km) 경유노선은, 강원 춘천시 근화동에서 속초시 교동 일대다.

기업 및 혁신도시의 원주는 강원 도내에서 가장 많은 인구를 가진 지역. 중앙선 원주(학성동)~제천(영천동 일대) 복선전철사업에 기대한다(41km). 2018년 준공예정이다.